N° 2

La Brésil et la colonisation

Extrait de la Revue des deux Mondes

15 Juin et 15 Juillet 1862

LE BRÉSIL

ET LA COLONISATION

I.

LE BASSIN DES AMAZONES ET LES INDIENS.

Reise durch Süd-Brasilien im Jahre 1858; Reise durch Nord-Brasilien im Jahre 1859, von dr Avé-Lallemant; 4 vol., Leipzig, 1859 et 1860. — *Deux années au Brésil*, par M. F. Biard; Paris, 1862. — *Brasilianische Zustände und Aussichten im Jahre 1861*, Berlin 1862.

Au moment où une lutte terrible amenée par la servitude des noirs bouleverse les États-Unis, on ne peut s'empêcher de reporter sa pensée avec une véritable anxiété sur tous les pays d'Amérique où l'esclavage existe encore, et principalement sur cet empire du Brésil qui forme un pendant si remarquable à la grande république américaine. Au point de vue géographique, les deux pays offrent la plus curieuse ressemblance. D'une étendue à peu près égale, ils occupent tous les deux la partie centrale de continens symétriques; ils sont arrosés chacun par des systèmes fluviaux d'un développement gigantesque, et, bordés à l'est par d'étroites rangées de montagnes parallèles au rivage, ils s'appuient à l'ouest sur l'énorme épine dorsale du Nouveau-Monde. L'histoire des deux peuples offre également une saisissante analogie malgré le contraste très important que les institutions monarchiques du Brésil et la population latine forment avec l'organisation républicaine et les citoyens anglo-saxons des États-Unis. Considérablement inférieurs à la nation américaine par le nombre, la richesse et surtout l'industrie, les Brésiliens n'en passent pas moins par des évolutions parallèles à celles du grand peuple de l'Amérique du Nord. Dans les deux contrées, le blanc s'est d'abord trouvé en contact avec l'indigène, et, pour pénétrer dans l'intérieur, il l'a poussé cruellement devant lui. Au Brésil comme aux États-Unis, il s'est fait suivre par le noir esclave pour lui faire défricher le sol; dans le continent du sud, comme dans celui du nord, s'est formée une aristocratie de planteurs dont le pouvoir repose sur le monopole d'un petit nombre de denrées, et, sous la pression des mêmes causes, la féodalité brésilienne peut avoir à subir tôt ou tard les redoutables conséquences subies aujourd'hui par la confédération esclavagiste. Ce sont là des faits qui donnent un intérêt tout spécial aux ouvrages récemment publiés sur l'empire brésilien, son état actuel et ses destinées. De tous ces ouvrages, le plus remarquable est celui de M. Avé-Lallemant, voyageur modèle, qui a séjourné plus de vingt années au Brésil et qui l'a parcouru dans tous les sens. M. Avé-Lallemant appartient à cette pléiade de savans d'outre-Rhin qui ont élevé les voyages à la hauteur d'une mission sociale. Préparés à leur œuvre par les plus fortes études, à la fois géographes, botanistes, ethnologistes, médecins, ces hommes, auxquels aucun domaine de la science n'est étranger, étudient à la fois la terre, l'homme, les institutions. L'auteur de *Süd-Brasilien* et de *Nord-Brasilien* ne se recommande pas seulement par la science, il se distingue aussi par de rares qualités d'écrivain : sa phrase, souple, vivante, émue, n'a rien de cette lourdeur et de cette complication verbeuse qui embarrassent si souvent le style de ses compatriotes; ses impressions poétiques, toujours du meilleur aloi, sont rendues en termes pénétrés d'un charme profond : il entraîne aisément le lecteur, et l'on ne saurait se lasser de contempler avec lui les spectacles gracieux ou magnifiques qu'il décrit tour à tour. Quant au livre de M. Biard, il est rempli de récits agréables et d'observations ingénieuses; mais son principal mérite est de reproduire par le crayon les paysages dont M. Avé-Lallemant ne peut nous donner l'idée que par la plume. Quelques-uns des dessins de M. Biard sont des chefs-d'œuvre de vérité, et rendent vivement la beauté des régions tropicales : un îlot perdu dans le fleuve, un arbre, une liane lui suffisent pour composer de charmans tableaux.

I.

L'empire du Brésil se compose de deux moitiés complétement distinctes, auxquelles le cap Saint-Roch sert de limite commune. Ce promontoire, qui brise les eaux du grand courant équatorial et le partage en deux fleuves maritimes s'écoulant en sens inverse, divise

aussi le flot de la civilisation en deux courans inégaux. La partie
méridionale du Brésil est la plus éloignée de l'Europe, et cependant
c'est elle qui reçoit les voyageurs, les négocians, les émigrans, les
marchandises, et subit l'influence de nos mœurs; c'est elle qui a vu
s'élever les grandes villes, Pernambuco, Bahia, Rio-Janeiro, et se
grouper presque toutes les populations brésiliennes plus ou moins
civilisées. Bien que relativement plus près de l'Europe, la partie
septentrionale de l'empire est au contraire presque déserte, et ses
capitales, Ceara, Paranahyba, Maranhão, ne sont que des villes de
second ordre. La civilisation européenne s'y propage avec une
extrême lenteur, et semble s'arrêter à l'entrée du magnifique estuaire où se déversent les eaux du Tocantins et de l'Amazone; elle
n'ose pénétrer dans cet immense bassin fluvial, le plus admirable
et le plus important qui existe sur tout le pourtour du globe.

Le fleuve des Amazones forme, avec le long soulèvement de la
chaîne des Andes, le grand trait géographique du continent colombien. Cette mer d'eau douce en mouvement, qui prend sa source à
une petite distance du Pacifique et s'unit aux eaux de l'Atlantique
par un estuaire mesurant 300 kilomètres de promontoire à promontoire, sert de ligne de partage entre les deux moitiés de l'Amérique
du Sud, et, comme un équateur visible, sépare l'hémisphère du nord
de celui du midi sur une longueur de 5,000 kilomètres environ (1).
Tout est colossal dans cette artère centrale de l'Amérique, qui rend
à l'Océan l'immense quantité de pluie et de neige reçue par un
bassin de 7 millions de kilomètres carrés, comprenant à la fois les
llanos de la Colombie, les solitudes inconnues de la Grande-Forêt
ou Matto-Grosso, et les sommets des Andes, du 20e degré de latitude sud au 3e degré de latitude nord. Ce fleuve, auquel on a donné
dans les diverses parties du territoire qu'il arrose les trois noms de
Marañon, Solimoens, Amazones (2), comme s'il se composait de trois
fleuves distincts et mis bout à bout, peut offrir à la vapeur, avec ses
affluens, ses *furos* ou fausses rivières, ses *igarapés* ou bras latéraux,
plus de 50,000 kilomètres de navigation. Il est si profond que les
sondes de 50, de 80 et même de 100 mètres ne peuvent pas toujours
en mesurer les gouffres, et que les frégates peuvent le remonter sur
plus de mille lieues de distance; il est si large qu'en certains endroits on n'en distingue pas les deux bords, et qu'à l'embouchure
du Madeira, du Tapajoz, du Rio-Negro et d'autres grands affluens,
on voit l'horizon reposer au loin sur les eaux comme si l'on se trou-

(1) En comptant tous les méandres du fleuve, la longueur du cours est de 3,333 kilomètres sur le seul territoire brésilien, de la cité de Pará ou Bélem à la ville de Tabatinga, située près de la frontière du Pérou; la largeur moyenne est de 4 à 5 kilomètres.

(2) Dans la partie inférieure de son cours, les Tapuis lui donnaient autrefois le nom
de Paranatinga (fleuve-roi) ou de Paranaguassu (fleuve-grand).

vait en pleine mer. Il reçoit par dizaines des fleuves qui n'ont pas leurs égaux en Europe, et dont plusieurs, encore inexplorés, appartiennent au domaine de la fable. Comme la mer, il est habité par les dauphins; comme elle, il a ses tourmentes, et lors des grandes marées les trois vagues successives de son *pororoca* (1) se dressent à plusieurs mètres de hauteur; ses deux bords servent aussi de limites à deux faunes distinctes, et même de nombreuses espèces d'oiseaux n'osent franchir sa large nappe d'eau pour se rendre d'une rive à l'autre. Certes le Mississipi est un fleuve puissant; mais ce père des eaux devrait s'unir à huit ou dix autres aussi considérables que lui pour oser se mesurer avec l'Amazone (2). Quand on navigue dans l'estuaire de l'embouchure sur les eaux grises roulant rapidement vers l'Atlantique, on se surprend à demander, dit M. Avé-Lallemant, si la mer elle-même ne doit pas son existence à ce fleuve qui lui apporte incessamment l'immense tribut de ses flots. La différence de roulis produite par le mouvement des vagues ou par la pression du courant peut seule indiquer sur quel domaine on se trouve, celui des eaux douces ou celui des eaux salées.

L'Amazone n'est pas seulement le plus grand cours d'eau de notre globe; il est également celui qui arrose les contrées les plus fertiles et les plus riches en produits de toute espèce. L'interminable forêt qui en couvre les bords n'offre pas de clairière; des deux côtés du fleuve, elle dresse en palissade ses troncs pressés comme des épis et droits comme des colonnes, engloutis par la base dans une éternelle obscurité, tandis que le feuillage épanoui des cimes s'étale avidement à la lumière. Des bateaux qui voguent au milieu du courant, on ne peut distinguer aucune forme précise dans ce rempart de végétation; pour se faire une idée de l'immense variété des arbres et des arbustes que gonfle la séve intarissable de la nature tropicale, il faut pénétrer dans un de ces canaux tortueux qui circulent entre les îlots des mille archipels semés sur l'Amazone. Penchés au-dessus de la rive, se succèdent les arbres les plus divers, dressant leurs panaches, déployant leurs éventails, développant leurs ombelles de feuilles, balançant au-dessus des flots leurs guirlandes de

(1) Voyez la *Revue* du 1er novembre 1852 (*Phénomènes maritimes*).

(2) Pendant les crues, le Mississipi débite 30,000 mètres cubes d'eau par seconde. Au détroit d'Obidos, qui est la partie la plus étranglée de son lit, le fleuve des Amazones avait le 25 juin 1859, c'est-à-dire à l'époque de la crue, une largeur de 1,520 mètres, une profondeur moyenne de 76 mètres, et coulait avec une vélocité de 7,600 mètres par heure. Il débitait donc 243,875 mètres cubes par seconde, c'est-à-dire 3,250 fois plus que la Seine à l'étiage, et cependant à Obidos il n'a pas encore reçu le Tapajoz, le Xingu, et ne s'est pas uni à l'énorme fleuve des Tocantins, qui roule certainement autant d'eau que le père des fleuves de l'Amérique septentrionale. MM. Spix et Martius, mesurant l'Amazone au détroit d'Obidos, mais à une autre époque de l'année, ont trouvé un débit moins considérable de moitié.

lianes fleuries. Et que de plantes utiles dans cet immense fouillis de verdure où l'on compte jusqu'à mille espèces appartenant à la famille des papilionacées! Ce sont d'abord vingt-trois sortes de palmiers, toutes bienfaisantes par la séve, l'écorce ou les fruits; puis viennent le cacaoyer, le cafier, le cotonnier, l'oranger, l'arbre à pain, le manguier, le bois de brésil, qui a donné son nom à l'empire, le rocou, le cèdre, le jacaranda, le seringa, la salsepareille. A côté de ces plantes connues de tous, il en croît d'autres par centaines qui ne sont pas moins utiles pour l'alimentation ou la guérison de l'homme, la construction des navires, la confection des meubles précieux et les innombrables besoins de l'industrie.

La première pensée qui se présente à l'esprit est que ce fleuve si admirablement pourvu d'affluens, cette masse d'eau qui arrose des régions si fertiles et si vastes, qui forme une espèce de détroit entre le nord et le sud du continent colombien, doit être une des voies les plus suivies par le commerce. On s'attend à voir se grouper sur ses bords de nombreuses populations, et chacun de ses affluens lui apporter sans cesse habitans et produits. Puisque le bassin du Yang-tse-kiang, ceux du Gange, de l'Euphrate, du Nil, du Mississipi, ont produit chacun sa civilisation, on croirait peut-être qu'il en surgit une nouvelle dans l'intérieur de ce magnifique bassin fluvial de l'Amazone, le plus beau qui soit au monde. Et cependant il n'en est rien. Les régions fertiles qu'arrose le fleuve brésilien sont les plus désertes de l'Amérique : elles sont occupées en grande partie par des forêts immenses que le pied de l'Européen n'a jamais visitées. Plus de trois siècles se sont écoulés depuis qu'Orellana descendit ce cours d'eau avec cinquante compagnons; mais on ne retrouve plus les villages qui s'élevaient à chaque promontoire de la rive; les cent cinquante tribus qui les peuplaient ont disparu : l'homme blanc n'a passé sur ces eaux que pour faire la solitude devant lui. L'Amazone, ce fleuve si remarquable dans l'histoire de la terre, est encore presque nul dans l'histoire de l'homme.

Nombreuses sont les raisons matérielles qui ont dépouillé jusqu'à nos jours les contrées amazoniennes du rôle historique qui leur revient de droit. D'abord, et quoi qu'en dise la voix d'ordinaire si compétente du capitaine Maury, il est certain que le climat de ces régions équatoriales, à la fois chaudes et humides, est le plus souvent mortel à tout étranger qui n'est pas trempé comme l'acier ou ne règle pas son genre de vie conformément aux lois d'une hygiène sévère : la fièvre jaune et d'autres fièvres paludéennes s'élèvent comme des brumes de la surface des marais et rampent sur le sol en empoisonnant les hommes qui les respirent au passage. Protégés par leur atmosphère viciée contre l'envahissement rapide des colons, le fleuve et la plupart des affluens sont encore défendus par de nombreuses légions de *carapanas, mosquitos, maruïm, pium, borachudos* et *fincudos*, — enfin par toutes ces bêtes et bestioles qui rendent intolérable le séjour des contrées tropicales non encore assainies. Ce sont en réalité pour le colon des ennemis bien plus terribles que les serpens, les pumas, les jaguars et les Araras anthropophages. Toutes les régions de la zone tropicale offrent des obstacles de même genre au peuplement et à la culture; mais l'Amazone se défend en outre contre le travail colonisateur des hommes par sa puissance, par la grandeur de ce qu'on peut appeler son *œuvre géologique*. Avant l'introduction des bateaux à vapeur sur le fleuve des Amazones, une embarcation mettait cinq mois entiers pour remonter de la ville de Parà jusqu'à la barre du Rio-Negro; il lui fallait cinq autres mois pour atteindre la frontière du Pérou en luttant contre la force du courant. Un voyage autour du monde, sur les flots de la mer que soulèvent tour à tour des vents venus de tous les points de l'horizon, était alors plus court que la remonte de l'Amazone, entreprise à la faveur du vent alizé qui souffle régulièrement dans la direction de l'ouest.

Terrible par son courant de 4 à 8 kilomètres par heure, le fleuve brésilien ne l'est pas moins par l'intensité de ses crues périodiques. Régulier dans ses allures comme le Nil, il commence à croître vers le mois de février, alors que le soleil, dans sa marche vers le nord, fond les neiges des Andes péruviennes et ramène au-dessus du bassin de l'Amazone la zone de nuages et de pluies qui l'accompagne. Sous l'action combinée de la fonte des neiges et des pluies torrentielles, la crue s'élève graduellement jusqu'à 12 mètres au-dessus de l'étiage; les îles basses disparaissent, le rivage est inondé, les lagunes éparses s'unissent au fleuve et forment de véritables mers intérieures; les animaux cherchent un refuge au haut des arbres, et les Indiens qui habitent la rive campent sur des radeaux. Vers le 8 juillet, lorsque le fleuve commence à baisser, les riverains ont à lutter contre de nouveaux dangers : l'eau, rentrant dans son lit, mine en dessous ses bords longtemps détrempés, les ronge lentement, et tout à coup des masses de terre de plusieurs centaines ou de plusieurs milliers de mètres cubes s'écroulent dans les flots, entraînant avec elles les arbres et les animaux qu'elles portaient. Ces érosions rapides s'opèrent si fréquemment que les arbres de la berge n'atteignent jamais leur développement complet, et les voyageurs qui naviguent sur le fleuve des Amazones ne peuvent apercevoir qu'un petit nombre de ces troncs aux dimensions colossales qu'ils s'attendent à contempler. C'est donc une tentative périlleuse que la culture d'un champ sur la rive, et, sous peine de voir ses défrichemens et sa demeure s'abîmer dans quelque éboulis, le colon ne peut s'établir près du fleuve sans en étudier d'avance les redoutables allures. Les îles mêmes sont exposées à une destruction soudaine; quand les rangées de troncs échoués qui leur servaient de brise-lames viennent à céder sous la violence du courant, il suffit de quelques heures ou même de quelques minutes pour qu'elles disparaissent, rongées par le flot : on les voit fondre à vue d'œil, et les Indiens qui s'y étaient installés paisiblement pour recueillir les œufs de tortue ou sécher le produit de leur pêche, sont obligés de s'enfuir précipitamment dans leurs canots pour échapper à la mort. C'est alors que passent au fil du courant ces longs radeaux de troncs entrelacés qui se nouent, se dénouent, s'accumulent autour des promontoires, s'entassent en plusieurs étages le long des rives. Autour de ces immenses processions d'arbres qui roulent et plongent lourdement sous le poids du courant, comme des monstres marins ou comme des carènes renversées, flottent de vastes étendues d'herbe *cannarana*, qui font ressembler certaines parties de la surface de l'eau à d'immenses prairies. Aussi comprend-on la terreur religieuse éprouvée par les voyageurs qui pénètrent dans le fleuve des Amazones et voient à l'œuvre ces tourbillons jaunes de sable, rongeant les rivages, renversant les arbres, emportant les îles pour en reconstruire de nouvelles, entraînant de longs convois de troncs et de branches. « Le grand fleuve était effrayant à contempler, dit l'Américain Herndon; il roulait à travers les solitudes d'un air solennel et majestueux. Ses eaux semblaient colères, méchantes, impitoyables, et l'ensemble du paysage réveillait dans l'âme des émotions d'horreur et d'effroi semblables à celles que causent les solennités funéraires, le canon tonnant de minute en minute, le hurlement de la tempête ou le sauvage fracas des vagues, lorsque tous les matelots se rassemblent sur le pont pour ensevelir les morts dans une mer agitée. »

Il n'est pas jusqu'à la fécondité même des rives qui ne soit redoutable. Les terres d'alluvion qui bordent le fleuve ont une force de production tellement exubérante qu'elles mettent un obstacle à toute colonisation. Trop fécond, le sol qui se couvre spontanément d'une si riche végétation ne se borne pas à nourrir les germes qu'on lui confie, il développe aussi des plantes sauvages en abondance, et les pousses d'arbres et de lianes obligent à une lutte de tous les instans l'agriculteur qui veut sauver le fruit de son premier travail. On ose à peine s'aventurer dans cette nature, où les sentiers rarement pratiqués se changent en forêts, où les arbres pressés les uns contre les autres forment une muraille qu'il faut saper comme celle d'une forteresse, où des fruits (1) semblables à des boulets de canon se détachent des branches avec fracas et s'enfoncent dans le sol à

---

(1) Ceux du *bertholletia excelsa*.

plusieurs centimètres de profondeur. Ainsi l'activité prodigieuse, la grandeur des phénomènes naturels qui se manifestent dans le bassin de l'Amazone tendent à restreindre considérablement le domaine de la civilisation. Au milieu de cette grande vie, la petite vie de l'homme existe à peine, et se maintient difficilement contre les assauts des forces ambiantes. Pour le colon, le fleuve est trop large et trop rapide, les terres sont trop fertiles, les pluies trop abondantes, les chaleurs trop intenses : il préfère de beaucoup un climat plus sobre, un terrain moins fécond, une nature moins riche et s'abaissant à sa faiblesse. A cet ensemble de raisons matérielles qui s'opposent à la prise de possession définitive des bords de l'Amazone par l'homme policé, s'ajoute une autre cause à la fois économique et morale. L'esclavage, aussi bien que la fièvre jaune, veille à l'embouchure du grand fleuve, et fait bonne garde pour empêcher la civilisation d'y pénétrer. Les esclaves noirs forment seulement une faible partie de la population amazonienne, et cependant ils suffisent pour déshonorer complétement le travail.

Mais, dira-t-on, le progrès matériel des deux provinces brésiliennes Parà et Amazonas est évident, puisqu'une dizaine de bateaux à vapeur font un service régulier sur les eaux du fleuve? Il est vrai, après neuf longues années de luttes parlementaires, le congrès brésilien a enfin autorisé la formation d'une compagnie pour la navigation à vapeur de l'Amazone. Bien que cette navigation soit encore très coûteuse (1), l'avantage est grand pour les voyageurs et les commerçans : au lieu de mettre dix mois pour remonter le courant jusqu'à la frontière du Pérou, il suffit aujourd'hui de la dixième partie de ce temps, et désormais de simples touristes peuvent entreprendre ce que tentaient seulement les anciens chercheurs du mystérieux Eldorado et les hommes rares poussés par l'amour de la science. Des régions qui appartenaient presque au domaine de la fable ont été mises en communication régulière avec l'Europe; des produits qu'on laissait naguère pourrir sur le sol sont transportés maintenant sur les grands marchés du monde. Le commerce, protégé par des tarifs très élevés et des règlemens de douane d'une excessive sévérité, a néanmoins triplé depuis vingt ans, et Parà (2), ce débouché du plus vaste réseau fluvial du monde, peut maintenant se mesurer en importance avec un port français de troisième ordre, comme Paimbœuf, Morlaix ou Fécamp. Ce sont là des pro-

(1) La subvention annuelle du gouvernement est de 676,000 francs pour vingt-quatre voyages qui rapportent un peu plus de 200,000 francs à la compagnie, en y comprenant le transport des marchandises et celui de 500 voyageurs environ.

(2) En 1840, le mouvement commercial de Parà, comprenant les importations et les exportations, était de 7,250,000 francs · en 1852, il était de 10 millions; en 1856, il s'élevait à 18,500,000 francs. La population de la ville est évaluée à 25 ou 30,000 âmes.

grès incontestables; mais les conditions sociales et les mœurs des riverains de l'Amazone ne se sont pas sensiblement modifiées depuis que Spix et Martius ont accompli leur célèbre voyage. Toujours les populations s'endorment dans la même paresse et font preuve d'un égal manque d'initiative; tout progrès apparent ou réel est dû à l'énergie de quelques étrangers ou bien à la bonne volonté du gouvernement central. En beaucoup de cas, on peut même constater un véritable recul.

Depuis trente ans, les villes construites sur les bords de l'Amazone n'ont pas augmenté en nombre (1), et l'on est toujours obligé de naviguer pendant des heures ou même pendant des journées entières avant d'apercevoir une seule maison sur l'une ou l'autre rive. De Parà au confluent du Solimoens et du Rio-Negro, la distance moyenne entre chaque ville ou village est de 175 kilomètres. En amont de Manaos, cette distance moyenne est de 240 kilomètres environ. Entre ces groupes d'habitations, si éloignés les uns des autres, on ne voit se dérouler sur les bords de l'Amazone que l'éternel horizon des forêts, interrompu çà et là par l'embouchure d'un *igarapé* désert. Dans la partie inférieure du fleuve jusqu'à Santarem et Obidos, on rencontre bien de temps en temps quelques goëlettes et de larges embarcations à voiles; mais sur le Solimoens proprement dit la vue d'un canot est un véritable événement. On est enfermé par la solitude la plus complète, et l'on pourrait se croire perdu dans une nature où l'homme n'a jamais pénétré. Les rives du Mississipi, cette grande artère fluviale de l'Amérique du Nord, sont également solitaires dans la plus grande partie du cours moyen. Trop basses pour être colonisées, elles gardent encore leur végétation première de saules et de trembles; mais les collines et les plateaux qui s'élèvent à une certaine distance du fleuve sont en grande partie défrichés, et portent des villes et des villages. Dans le bassin de l'Amazone au contraire, le voyageur intrépide qui ose s'aventurer loin du fleuve ne rencontre que des *selvas* interminables et des savanes inhabitées; la faible population s'est distribuée tout entière sur les bords du fleuve et de ses affluens, — les Tapuis, encore barbares, dans leurs campemens, — les Brésiliens, à demi civilisés, dans l'une des quinze ou seize villes bâties de l'estuaire de l'embouchure à la frontière péruvienne.

Et quelles villes! Les voyageurs qui croiraient y retrouver le comfort auquel ils étaient accoutumés en Europe seraient bientôt détrompés. La plupart des cités amazoniennes ne sont que des agglomérations de cabanes malsaines. Quelques-unes cependant,

____

(1) Prainha, ville de fondation récente, succède à l'ancienne Oteiro, dont les habitans ont émigré pour se rapprocher du fleuve.

Parà, Santarem, Manaos, présentent une apparence assez grandiose due aux façades blanches de deux ou trois églises, du palais
présidentiel et de maisons à un étage appartenant à des négocians portugais; les autres constructions ne sont que des huttes
dont un incendie ferait en une nuit disparaître jusqu'aux dernières
traces. Il serait inutile de chercher dans ces capitales un hôtel digne
de ce nom. Si l'on n'est pas muni de lettres d'introduction pour un
des notables, il ne reste qu'à mendier l'hospitalité ou bien à s'abri-
ter dans quelque affreux taudis habité par la vermine. Les boutiques
sont nombreuses, car tout riverain de l'Amazone a son petit fonds
de commerce; mais, à l'exception des produits du pays, on ne trouve
dans ces échoppes que les objets les plus indispensables. Quant aux
livres, ils sont à peu près inconnus; les grandes villes sont les seules
à posséder quelques écoles peu fréquentées, et de l'embouchure du
fleuve à la frontière péruvienne il n'existe d'autres médecins que
des flibustiers d'Europe et les sorciers indigènes. Cependant là où
la civilisation n'existe pas encore, les raffinemens de la mode ont
déjà pénétré, et tel négociant qui n'a peut-être pour toute nourriture que du manioc et du poisson endosse religieusement l'habit
noir, échange des cartes de visite avec ses amis et envoie des invi-
tations de bal imprimées en lettres d'or.

II.

La population des deux provinces brésiliennes d'Amazonas et de
Parà, évaluée approximativement à 250,000 âmes, est loin d'être
homogène; elle se compose en grande partie d'individus de sang
mélangé appartenant à la fois par leurs ancêtres aux trois souches,
blanche, rouge et noire; mais les races pures sont aussi représen-
tées, et l'on peut observer toutes les nuances de la peau, depuis le
blanc le plus délicat jusqu'au noir le plus velouté. Les *brancos* forment partout la classe supérieure, ainsi qu'on doit s'y attendre dans
un pays d'esclavage; cependant, grâce à la tolérance avec laquelle
on regarde les unions contractées entre les blancs et les femmes
métisses ou de sang mêlé, la caste noble peut se recruter dans les
castes inférieures, et le nombre des caucasiens vrais ou prétendus
augmente sans cesse dans une forte proportion. Quant aux noirs
esclaves, ils sont beaucoup moins nombreux sur les bords de l'Amazone que dans les provinces du littoral atlantique. A Parà, ils sont
environ quatre mille et forment ainsi le sixième ou le septième de
la population, mais plus avant dans l'intérieur ils sont plus clair-
semés relativement au chiffre des blancs et des Indiens. La ville de
Manaos, près du confluent du Rio-Negro et du Solimoens, compte
seulement 380 esclaves sur 8,500 habitans. Enfin, dans la région

qui touche au Pérou, le nombre des noirs asservis diminue sans cesse par la suite et ne forme plus qu'une partie tout à fait insignifiante de la population (1). Cette faiblesse relative de l'élément nègre doit être attribuée à l'existence de nombreuses tribus d'indigènes. Ayant pu recruter amplement leurs troupeaux d'esclaves au moyen des seuls Indiens de l'Amazone, les Portugais n'avaient pas eu besoin d'importer à grands frais des nègres de la côte de Guinée.

Le fond de la population amazonienne se compose d'Indiens auxquels on a donné le nom général de Tapuis (*Tapuyos*), et qu'on dit ressembler d'une manière étonnante aux Chinois. Il est certain qu'ils étaient groupés autrefois en un grand nombre de tribus distinctes, comme les Indiens encore sauvages qui sont campés sur les bords des grands affluens de l'Amazone, le Madeira, le Purus, l'Ucayali. Ceux-ci ont gardé leur indépendance, leurs coutumes, leurs cérémonies religieuses, leur caractère national. Les Araras et les Chavantes anthropophages n'ont point abandonné leurs terribles mœurs; les Indiens de l'Amazone au contraire, mis en rapport les uns avec les autres par la navigation du fleuve, maintenus longtemps par les conquérans et les jésuites portugais sous le même joug de fer, ont du moins à ce régime perdu leurs rivalités nationales, et forment maintenant les élémens d'un peuple homogène, de la frontière du Pérou aux bouches de l'Amazone. Malheureusement ces Indiens, qui sont par nature d'une douceur et d'une bonté vraiment touchantes, ne sont pas encore revenus de l'effroi que l'Européen leur a inspiré lors de la conquête et pendant la longue période de servitude qui a suivi l'invasion des blancs. D'ailleurs le régime auquel la plupart d'entre eux sont soumis actuellement n'est pas de nature à leur faire oublier leurs anciens griefs. Pour leur faire aimer le travail, on a cru naïvement qu'il suffisait de le leur imposer. Obligés de s'engager comme *trabalhadores* pour un temps plus ou moins long, divisés en escouades, passés en revue comme des soldats, menacés de la prison et des travaux forcés, cantonnés dans certains villages qu'ils ne peuvent quitter sous peine d'être envoyés à l'armée, où ils meurent de chagrin, ils n'ont souvent de l'homme libre que le nom, et l'on ne doit pas s'étonner si dans le plus profond de leur cœur ils gardent une haine secrète au blanc et cherchent sournoisement à lui nuire sans se compromettre. Quelquefois même cette aversion cachée se transforme en hostilité ouverte. En 1835, les Indiens, poussés à bout par l'arbitraire de l'administration, osèrent se soulever; avec l'aide des esclaves noirs, ils s'emparèrent de la ville de Parà, s'y maintinrent longtemps contre des troupes considérables, et,

(1) En 1846, le district d'Ega, le plus occidental des provinces brésiliennes, était peuplé de 7,267 hommes libres; on n'y comptait que 59 esclaves.

sous le nom de *cabaneiros*, gardèrent jusqu'en 1837 la possession de plusieurs villes de la province; mais en général ils ont trop peu d'énergie et trop de crainte enfantine pour devenir redoutables. Quant à leurs femmes, elles n'ont retenu de la longue oppression qu'une invincible timidité; elles se cachent dans le feuillage pour voir passer l'étranger, et s'enfuient avec terreur lorsque leur présence est trahie par le frôlement des feuilles. Dans plusieurs villages, elles n'osent pas même pénétrer dans l'église, craignant d'avoir à y soutenir le regard d'un homme blanc.

Et pourtant cette population indienne est bien faite pour être heureuse, pour savourer dans toute sa volupté cette vie tropicale si facile et si douce! Au Brésil, le plus pauvre des Indiens n'a rien à envier au plus riche et ne songe pas à redouter la misère; le besoin de s'enrichir ou de parvenir, ces âpres passions qui empoisonnent l'existence de presque tous les civilisés, ne trouve guère l'occasion de s'exercer chez lui. Il n'a qu'à goûter la joie de se laisser vivre, et partout où il est son propre maître, il goûte en effet cette joie avec la même simplicité naïve que jadis l'insulaire de Taïti. Rien de gracieux comme les scènes de famille qu'on peut observer en plein air dans les villages des Tapuis, à l'ombre des palmiers euterpes ou bien sur l'eau du fleuve. M. Avé-Lallemant, qui les a souvent contemplées, en parle sous l'impression d'un sentiment presque religieux, et se plaît à décrire longuement ces charmans tableaux : l'enfant qui joue avec sa mère sur le sable du bord et la taquine gentiment avec de frais éclats de rire; les tritons aux bras robustes et les sirènes aux longs cheveux noirs qui plongent de concert et vont reparaître au loin sous les ombrages de la rive; les jeunes filles couronnées de fleurs qui s'assoient sur le bordage des canots, et, laissant leurs pieds nus tremper dans le courant, glissent lentement à la surface du fleuve.

Sur les bords de tous les cours d'eau où ils n'ont pas à redouter le crocodile ou le terrible poisson appelé *piranga*, ces fils de la nature semblent n'avoir d'autre occupation que celle du bain. L'Amazone aux eaux troubles et rapides ne les rebute point; mais le Tocantins, le Rio-Negro et les autres rivières transparentes des provinces amazoniennes exercent sur eux une attraction à laquelle ils ne savent jamais résister. La population de Cametà, village indien situé sur la rive du Bas-Tocantins, est devenue comme amphibie; à chaque instant du jour, on voit les habitans, hommes et femmes, se rendre de leur cabane au fleuve ou du fleuve à leur cabane. Quant aux enfans des deux sexes, ils jouent dans l'eau du matin au soir comme autant de petits dauphins. Aussi les Tapuis de Cametà sont-ils d'une exquise propreté et pourraient-ils, sous ce rapport, servir de modèles à tous les peuples du monde. Blanches ou brunes, *mamalucas* ou *mestiças* (1), les femmes surtout doivent à leurs bains continuels une grande pureté de contours et une transparence merveilleuse de la peau; mais peut-être aussi doivent-elles à ces mêmes bains une véritable paresse, qui s'ajoute à la voluptueuse langueur commune à toutes les femmes créoles. Cependant la paresse des Indiennes tapuis s'allie à tant de grâce et de naturel qu'on n'ose blâmer ni approuver. « Si l'oisiveté n'était la mère de tous les vices, prétend M. Avé-Lallemant, je dirais hardiment qu'elle est à Cametà une aimable qualité; en revanche, si l'habitude de se baigner n'était une vertu et la mère de la propreté, je la prendrais pour un vice en tenant compte du temps qu'elle fait perdre à Cametà! » Après le bain vient la toilette, et les jeunes Indiennes à la démarche élastique, aux figures naïves, sont vraiment charmantes avec leurs robes et leurs jaquettes de simple cotonnade et les fleurs qui couronnent leur abondante chevelure. Presque toutes marchent pieds nus, et celles même qui ont assez de vanité féminine pour se procurer des souliers les portent le plus souvent à la main, mais elles déploient toujours leurs ombrelles, moins pour se garantir elles-mêmes que pour défendre leurs couronnes de fleurs contre l'ardeur du soleil.

En général, les hommes sont encore plus paresseux que les femmes. Dans un pays où les blancs considèrent comme leur principal titre de noblesse de n'avoir pas de bras (*não braços*), il est assez naturel que les Indiens veuillent, à force d'oisiveté, mériter leur admission dans la société distinguée. Et d'ailleurs pourquoi travailleraient-ils, puisqu'ils peuvent s'en dispenser? Le travail n'a de raison d'être que par l'utilité finale, et l'on pourrait presque qualifier d'immorale et d'insensée toute œuvre qui n'aboutit pas à un résultat pratique et consume sans profit les forces de l'ouvrier. Trop peu instruits pour désirer un genre de vie supérieur à celui qu'ils mènent ou pour s'occuper de leur développement moral, les Tapuis ne songent qu'à la satisfaction de leurs besoins immédiats, et la nature généreuse y subvient de la manière la plus ample. Le palmier donne ses noix, sa tige nourrissante, sa liqueur délicieuse. Le cacaoyer fournit ses graines, le manioc ses racines; dans la forêt, l'Indien trouve le gibier, dans les eaux le poisson *pirarucù*, et les œufs de tortue sur les plages abandonnées par l'inondation. Quelques troncs d'arbres abattus lui suffisent pour la construction d'une cabane; une seule feuille de palmier *bussu* lui sert de porte; dix feuilles placées à côté les unes des autres font à sa demeure un toit imperméable à l'orage pendant vingt années. Et s'il veut pour lui-même ou pour ses enfans quelques verroteries ou des vêtemens, le figuier à caoutchouc pousse

(1) Dans le nord du Brésil, on appelle *mamalucos* les individus qui offrent un mélange de sang indien et de sang caucasique. Les *mestiços* sont nés de parens indiens et nègres.

à côté de sa hutte et livre sa gomme à l'Indien, qui la vend ensuite au traitant. S'il coupait les arbres de la forêt pour défricher un champ comme nos agriculteurs d'Europe, quel serait le résultat de son industrie? Après une lutte pénible contre une végétation fougueuse de plantes ennemies qui germeraient dans chaque sillon, il serait peut-être obligé de s'avouer vaincu, et le produit agricole dû à ses efforts ne remplacerait certainement pas ce que la forêt lui eût donné presque gratuitement. On ne saurait donc reprocher aux Tapuis leur oisiveté, tant qu'ils n'auront pas été entraînés dans ce tourbillon de la civilisation qui met en œuvre toutes les forces de l'homme, tant que le travail qui pousse comme un ressort les populations civilisées de l'Europe et de l'Amérique ne sera pas devenu pour eux comme pour nous une impérieuse nécessité. Avant d'entrer dans le grand engrenage où chaque peuple fait la fonction d'une roue, qu'ils jouissent en paix de leurs dernières années de repos. Cette ère d'activité fébrile, dans laquelle nous sommes entrés depuis longtemps, s'ouvrira également pour eux, comme elle s'est ouverte déjà pour beaucoup de peuples jadis sauvages.

En attendant, ils « vivent de paresse, » et quand ils sont obligés de travailler, ils le font d'une manière tellement paisible qu'on pourrait se demander si vraiment ils sont à l'œuvre. Ils sont surtout curieux à voir quand ils descendent le fleuve dans leurs canots de cèdre. Si le vent est favorable, ils n'ont qu'à se laisser entraîner au fil du courant; si la brise est contraire, ils n'en savent pas moins se dispenser du travail. Avisant un de ces troncs d'arbres que charrient les eaux, ils vont y amarrer leur canot, qui descend ainsi sans qu'il soit nécessaire d'employer les rames. Que le vent fraîchisse et que les hautes vagues menacent d'engloutir la barque, alors les rameurs indiens, sans se déconcerter, se réfugient au milieu de ces larges prairies flottantes d'herbes *cannarana,* qui atténuent la force des lames et en régularisent le mouvement; puis, sans souci de la tempête, ils continuent tranquillement leur route, remorqués par l'énorme tronc de dérive et protégés par l'épaisse couche des herbes arrachées au rivage. Ce calme majestueux que les Indiens apportent dans leur manière de naviguer ne les abandonne à aucun instant de leur vie, jamais, même lorsqu'ils sont exposés à un imminent danger. Ainsi pendant les crues exceptionnelles de l'Amazone, alors que les eaux débordées roulent au-dessus des rives et transforment en marécages le sol des forêts, ils n'en restent pas moins campés à l'endroit qui naguère était le bord du fleuve. Le courant les assiége de toutes parts; mais ils dédaignent de s'enfuir. Installés sur un tronc d'arbre échoué ou bien sous une espèce de vérandah à peine élevée de quelques centimètres au-dessus de l'eau, ils semblent tout à fait à leur aise et regardent avec assurance la mer jaunâtre et tourbillonnante qui entoure leur frêle embarcation. Près de leur arbre ou de leur cabane à demi engloutie, un îlot formé de troncs engagés dans la vase sert de refuge pendant la nuit à des chevaux et à des bœufs aussi philosophes que leurs maîtres. Pour vivre, ces pauvres bêtes sont obligées de descendre de leur perchoir et de cheminer dans l'eau à la recherche des touffes de *cannarana* sur une étroite et invisible berge limitée d'un côté par le marécage, de l'autre par la rivière profonde et rapide. Ce sont là des choses qui n'altèrent point la complète égalité d'âme de l'Indien. Quoi qu'il arrive, il sait que les eaux baisseront tôt ou tard, et en attendant il jouit des loisirs que lui fait l'inondation. Bien assez tôt viendra l'époque des basses eaux, pendant laquelle il devra secouer un peu son apathie ordinaire et déployer une certaine activité. Alors il s'installera dans le lit même du fleuve, sur les plages abandonnées, et fouillera le sable pour y trouver des œufs de tortue, ou bien lancera son harpon sur le *pirarucù* dans les criques et autour des bancs de sable. Ce beau poisson, qui peut atteindre une longueur de plus de deux mètres, et dont l'armure d'écailles éclatantes semble enveloppée d'un filet aux mailles d'écarlate, forme avec le manioc la base de l'alimentation de tous les riverains de l'Amazone.

Le congrès brésilien vote chaque année 150,000 francs environ pour aider à l'amélioration des Indiens. Si cette faible somme était bien employée, on pourrait certainement obtenir d'importans résultats, car les indigènes sont en général faciles à élever; mais ils sont également faciles à corrompre, et les exemples qu'ils ont sous les yeux ne sont pas toujours de nature à les améliorer. De l'aveu de tous les voyageurs, même les mieux disposés en faveur du Brésil, les prêtres des communautés indiennes se distinguent surtout par l'impureté des mœurs; ils affichent naïvement leurs habitudes de débauche et se déclarent satisfaits, pourvu que leurs paroissiens tombent à genoux devant les images de plâtre qu'ils offrent à leur adoration. Les traitans portugais ou péruviens, les autres aventuriers que l'esprit de spéculation amène sur le fleuve des Amazones, ne songent guère non plus à l'amélioration des tribus indiennes avec lesquelles ils se trouvent en contact. Gens grossiers et avides, ils ne pensent qu'à s'enrichir aux dépens des naturels, quand ils croient pouvoir le faire sans danger; ils les maltraitent, et, chose plus déplorable peut-être, ils spéculent sur l'ivrognerie de ces pauvres gens pour payer en eau-de-vie les denrées qu'ils leur achètent ou le transport de leurs marchandises : on évalue à une moyenne de 10 francs environ la somme que le traitant débourse pour rémunérer le travail d'un Indien pendant deux longues années. Enfin ceux qui ont pour mission spéciale de moraliser les indigènes ne les traitent pas toujours avec plus d'équité. Lorsque M. Avé-

Lallemant se trouvait à Tabatinga, il rencontra un colporteur *yankee* envoyé dans les provinces de l'Amazone par une « société d'évangélisation. » Le *Yankee* avait fidèlement sermonné ses auditeurs et distribué des bibles que personne ne pouvait lire; mais dans un moment de ferveur il s'était permis d'assassiner un homme. On voit que, si les Tapuis ne font pas de rapides progrès, ils ne sont pas les seuls coupables.

Quant à l'instruction publique, elle n'est pas simplement négligée chez les Tapuis; elle est presque nulle. On leur a accordé l'institution de la garde nationale et le droit de suffrage, on leur a donné des képis et des baguettes de tambour; mais on a oublié de leur envoyer des maîtres d'école. Aussi leur ignorance est-elle absolue. Dans les villes, ils ne savent ni lire, ni écrire; dans les campagnes éloignées, ils ne savent pas même compter. « Quel âge as-tu? demandait-on à une charmante jeune fille des bords du Tocantins dans toute la fleur de ses quinze années. — Quarante ans! » s'écria-t-elle d'un air triomphant, heureuse de s'être donné un âge qui ne permettait pas de la prendre pour une enfant. Puis, afin de mieux convaincre l'étranger, elle ajouta : « Je veux me marier! » Chez ces peuples encore maintenus dans la barbarie, dépourvus des premiers élémens de l'instruction, on ose à peine dire qu'il existe une langue dans la haute acception que nous attachons à ce mot. Leurs besoins sont si limités, le cercle de leurs idées si étroit, ils ont si peu de chose à se dire, qu'un jargon composé de quelques centaines de mots leur suffit amplement. Entre eux, ils se servent de la *lingua geral*, espèce de langue franque d'une extrême pauvreté, formée de mots d'origine guaranique et enseignée à leurs pères par les jésuites. Dans les villes, ils commencent à comprendre le portugais; mais ceux qui sont restés pendant toute leur vie éloignés d'un centre civilisé ne peuvent s'exprimer d'une manière compréhensible que pour dire leurs noms de baptême et demander un verre d'eau-de-vie. Telle est l'ignorance profonde où croupissent des hommes libres auxquels on accorde, comme par ironie, le titre de citoyens. Cependant les résultats étonnans obtenus par ceux qui se sont donné la peine d'élever des Tapuis prouvent qu'on ne doit pas attribuer la naïveté enfantine de ces Indiens au manque d'intelligence. Les deux villes de Parà et de Manaos ont chacune fondé un établissement *dos educandos* où l'on recueille quelques petits orphelins de race indienne pour en faire des citoyens utiles. On leur explique les premiers élémens des sciences, la musique, une profession manuelle, et les progrès qu'ils font dans toutes les branches de l'instruction sont vraiment remarquables. A Manaos, les produits de leur industrie, consistant en canots et en meubles de toute espèce, suffisent déjà pour payer les frais de l'établissement. En outre les petits musiciens, dirigés par un mulâtre enthousiaste, peuvent se vanter d'être sans contredit les premiers artistes de la ville capitale de l'immense province d'Amazonas.

Heureusement l'éducation des Tapuis, si négligée par l'administration, se fait d'une manière toute naturelle, par le procédé lent, mais sûr, des croisemens. Les mariages entre hommes blancs et femmes de sang mêlé, entre hommes de sang mêlé et femmes indiennes, amènent sans cesse de nouvelles recrues à la vie civilisée. Dans le nord du Brésil, où la pureté du sang n'est pas, comme aux États-Unis, soumise à un examen sévère, il suffit d'un petit nombre de générations pour blanchir complétement une famille issue en partie de souche indienne. Sous la double influence du croisement et du nouveau genre de vie, la nuance de la peau s'éclaircit d'une manière prodigieuse dans l'espace d'une génération, et nombre de *mamalucas*, filles de blancs et de femmes tapuis, ont la peau d'une délicatesse et d'une transparence toutes caucasiennes : il leur reste seulement je ne sais quel air de gazelle effarée, et parfois dans le regard une expression mélancolique, comme si une voix secrète les rappelait à la liberté des forêts; mais elles n'en sont pas moins définitivement rachetées de la vie sauvage et désormais accessibles à tous les progrès auxquels, sans le croisement, elles seraient restées étrangères. Ainsi de mariage en mariage l'ancienne population aborigène se délivre de sa barbarie première et perd même jusqu'à son nom pour se fondre en une même race avec les envahisseurs du sol. De ce mélange naît un nouveau peuple amazonien chez lequel le sang indien prédomine, mais que les mœurs européennes pénètrent chaque jour davantage. Telle est la solution naturelle de l'antagonisme des races : chaque naissance contribue pour sa part à la réconciliation finale, et dans un pays comme le Brésil, où les familles se distinguent par une prodigieuse fécondité, on peut espérer que l'œuvre d'union sera consommée à une époque relativement prochaine. Là tous les jeunes gens se marient; les générations se succèdent rapidement, et l'on voit souvent des femmes accompagnées de cinq ou six enfans à un âge où la plupart des jeunes Françaises commencent à peine à songer sérieusement au mariage (1). Lorsque l'hygiène, aujourd'hui si négligée dans les pro-

(1) Il en est de même dans plusieurs autres parties du Brésil, et nous croyons devoir à ce sujet rapporter un passage peu connu du grand ouvrage de MM. Spix et Martius : « En 1780, on ne comptait que trois femmes à Contendas (province de Minas-Geraës, vallée du Rio San-Francisco); on en comptait en 1820 des milliers. Une femme de Contendas, qui vient à peine de dépasser la cinquantaine, possède une descendance de deux cent quatre personnes vivantes; une vieille dame mariée à un homme de son âge a

vinces amazoniennes, sera mieux connue et mieux observée, nul doute que la population ne double toutes les vingt années sans le secours de l'immigration étrangère. C'est dans cette augmentation rapide d'une population mêlée, unissant à la fois l'initiative du blanc à l'invincible force de résistance de l'Indien, que l'avenir du pays se trouve engagé.

III.

Dans le remarquable rapport sur les régions amazoniennes, qu'il avait explorées pendant les années 1851, 1852 et 1853 par l'ordre du gouvernement des États-Unis, le lieutenant Herndon reconnaît la docilité et la douceur des Indiens; mais en sa qualité d'esclavagiste il cite avec complaisance « l'opinion d'hommes intelligens qui voient dans la pendaison le moyen le plus simple d'en finir avec l'Indien, et disent que l'existence de ces hommes, incapables de devenir citoyens ou esclaves, ne vaut pas même la place qu'ils occupent. » — « Pour ma part, ajoute M. Herndon, j'estime que tous les rapports entre les blancs et les noirs doivent aboutir à la destruction complète de ceux-ci. Les noirs ne peuvent supporter ni les injonctions de la loi, ni le poids d'un travail imposé, et se retirent devant l'homme blanc et son œuvre de progrès jusqu'à ce qu'ils disparaissent complétement. Telle semble être leur destinée; la civilisation doit avancer, quand même elle devrait marcher sur le cou du sauvage et le broyer sous son pas souverain. » Puis il offre un plan de gouvernement pour les indigènes. « Il faudrait, dit-il, supprimer les villages et réunir les Indiens dans de grandes colonies, nommer un gouverneur-général d'une grande influence, muni de pouvoirs dictatoriaux et recevant des appointemens élevés. Il faudrait en outre obliger les habitans à fournir au gouverneur une force permanente, et ouvrir le pays à la colonisation en accordant des priviléges et des concessions de terre. De cette manière, si l'Indien n'est pas amélioré, il sera du moins exterminé, et l'admirable région de l'Amazone pourra contribuer pour une large part à la prospérité du genre humain. » Il est heureux qu'il ne soit plus temps d'appliquer ce moyen civilisateur, et lorsque M. Herndon émettait cet avis, il lui eût suffi d'examiner attentivement la population des villes amazoniennes pour se convaincre que les Indiens, loin de se laisser déplacer ou anéantir, tendaient à ne plus former qu'un seul et même peuple avec les blancs, leurs anciens oppresseurs.

Pendant la domination portugaise, on avait adopté, pour le gou-

enfanté à soixante-dix ans révolus trois jumeaux qui vivent encore. Il n'est pas rare de voir une mère de vingt ans entourée d'une famille de huit ou dix enfans. On ne cite pas un seul exemple de couches malheureuses. »

vernement des Indiens, des régimes qui avaient une certaine analogie avec celui que propose charitablement le lieutenant Herndon. Les colons européens, soutenus et encouragés par les carmes, achetaient, vendaient, troquaient les indigènes et les faisaient périr sous le bâton. Plus habiles, les jésuites, sous prétexte de défendre la cause des opprimés, s'étaient emparés des Indiens et les avaient campés de force sur le bord des fleuves dans leurs *descimentos*. Sous la double menace du fouet et de l'excommunication, sous le poids de ce despotisme savant qui opprimait à la fois le corps et l'âme, les Tapuis et les Ticunas, arrachés à leurs forêts natales, s'établissaient aux endroits indiqués d'avance, bâtissaient les maisons qu'on leur ordonnait de bâtir, mettaient en culture les champs qu'on leur assignait. Ainsi s'élevèrent les villes et se défrichèrent les plantations des contrées amazoniennes. La culture du sol fit de rapides progrès, principalement sur les bords du Rio-Negro, et vers la fin du siècle dernier les cités riveraines de ce fleuve, Ayrão, Barcellos, Moreira, Thomar, étaient devenues relativement importantes. Les Indiens produisaient le coton, l'indigo, le riz, le cacao, le café, le tabac; ils mettaient en œuvre la fibre du cotonnier dans six filatures, et fournissaient de tissus tout le district du Rio-Negro et une grande partie de la province de Parà. Dans les *llanos* du Rio-Branco, ils se livraient sur une grande échelle à l'élève du bétail. Thomar possédait une corderie. Enfin la ville de Barra, aujourd'hui Manaos, qui servait de débouché à tous les produits de l'intérieur, comptait un certain nombre d'établissemens industriels, une fabrique de cire, une filature, une briqueterie. Cette époque, antérieure à la révolution française, fut, au point de vue de la production agricole, le véritable âge d'or des districts du Rio-Negro, et de nos jours encore les riches commerçans de Manaos et de Parà parlent avec admiration du gouverneur Manoel da Gama Lobo d'Almada, qui administrait alors les provinces amazoniennes : ils ne se demandent pas au prix de quelle douloureuse servitude les Indiens avaient donné au pays cette apparence de prospérité.

Maintenant cette civilisation factice, qui reposait sur la terreur des esclaves, a presque tout à fait disparu : une nouvelle civilisation, empruntant sa force à la liberté seule, doit se former désormais, et ce n'est pas sans peine qu'elle prend naissance dans ce pays, où l'instruction est tout à fait négligée, où la présence du nègre encore esclave déprave l'Indien, devenu comparativement libre. Les villes, autrefois prospères, situées au nord de Manaos ne sont de nos jours que des groupes de cabanes sordides, entourant des églises en ruine. La culture du cotonnier, de l'indigotier et des autres plantes industrielles a cessé sur les bords du Rio-Negro; on a renoncé, dans les savanes du Rio-Branco, à l'élève des bestiaux, qui donnait jadis de si brillans résultats; la population elle-même s'est enfuie pour aller chercher dans les républiques voisines de la Colombie un sol libre où nulle institution ne rappelle l'antique servitude. Et ce mouvement d'émigration est général sur toutes les frontières dé l'empire : du côté du nord, les Indiens de race pure se réfugient au Venezuela et dans la Nouvelle-Grenade; à l'orient, ils vont chercher un asile au Pérou et en Bolivie; près des limites méridionales, ils se retirent au Paraguay; enfin plusieurs tribus qui habitent les provinces de l'intérieur et ne peuvent émigrer dans une république voisine abandonnent les *aldeas* pour jouir en paix de la grande liberté des forêts. Les mesures que l'on prend pour ramener les Indiens dans leurs villages et les attacher au sol sont non-seulement impuissantes, mais encore funestes, car les indigènes sont impatiens de toute règle : les passeports, les engagemens plus ou moins forcés, la menace de l'enrôlement ou de la prison, ne servent qu'à leur faire désirer plus ardemment l'expatriation ou le retour à la vie sauvage. Comme les Tapuis de l'Amazone, ils redoutent aussi, et non sans raison, les traitans avides qui viennent abuser de leur ignorance, et ne craignent pas de leur offrir une chemise de coton ou bien quelques bouteilles d'eau-de-vie pour le travail de toute une année. Et puis les traditions de l'inquisition en matière religieuse n'ont pas été entièrement abandonnées. Récemment l'Indien Venancio, s'étant fait passer pour un nouveau Jésus-Christ, réussit à grouper autour de lui plusieurs tribus du Rio-Negro. Aussitôt on envoya de Manaos une compagnie de soldats pour exterminer l'hérésie, et, fidèles aux traditions reçues, les soldats brésiliens prouvèrent une fois de plus l'infaillibilité de l'église en massacrant les Indiens sans défense et en dévastant les villages et les plantations. Depuis, on voulut réparer le mal, et le capitaine d'artillerie Firmino Xavier fut chargé en 1857 de visiter toutes les anciennes colonies d'Indiens, d'en fonder de nouvelles, et de les placer sous la garde d'un fort construit non loin du confluent du Rio-Negro et du Cassiquiare, sur les frontières du Venezuela et de la Nouvelle-Grenade. Le capitaine Firmino remplit sa tâche avec courage et dévouement. Après avoir bâti le nouveau fort de Cucuhy, il remonta le Rio-Içana jusqu'à ses sources, triompha des obstacles que lui opposèrent les quarante-trois cascades du fleuve, les bas-fonds marécageux, les fièvres paludéennes, et se mit en rapport avec tous les Indiens qui habitaient encore ce district, jadis très peuplé. Partout il fut témoin d'une lamentable décadence. Tel village composé de quinze maisons n'avait plus qu'un seul habitant; tel autre renfermait les restes de plusieurs tribus, réduites chacune à quelques individus; ailleurs six familles s'étaient réfugiées dans la même cabane. Des maisons en ruine, des églises écroulées, des champs envahis par les lianes, marquaient encore la place où avaient autrefois séjourné des milliers d'Indiens à demi policés devenus aujourd'hui citoyens du Venezuela. Les plus sauvages étaient seuls restés sur le territoire du Brésil, et pendant son long voyage le capitaine Firmino rencontra seulement trois hommes ayant quelque connaissance de la lecture. L'employé brésilien combla de présens les *tuchauas* (1) ou caciques, employa ses soldats à leur construire des cabanes régulières, fournit des semences d'arbres fruitiers et de légumes à tous les Indiens, les encouragea par de magnifiques promesses à la culture du sol. Il parvint en effet à décider quelques tribus nomades à quitter la forêt et à s'établir dans les villages; mais ses succès ne furent pas assez complets pour qu'il osât croire à la durée de son œuvre. Les Indiens de race pure du Rio-Negro ne pourront faire de progrès sérieux dans la voie de la civilisation tant qu'on les laissera en proie à la rapacité des traitans et des employés immoraux qui viennent seuls les visiter. Pour transformer ce peuple, qui a besoin d'un vaste territoire de chasse, pour modifier ses habitudes, pour l'enraciner au sol dans un petit village aux maisons étroites et rapprochées, on ne peut employer que deux moyens : ou bien il faut en appeler à la force, comme jadis, et faire de ces Indiens des esclaves, c'est-à-dire des êtres sans responsabilité morale, ou bien il faut les soumettre à cette longue et douce influence que l'instruction peut seule exercer. Quoi qu'il en soit, il demeure prouvé que ce système savamment oppresseur qui réduisait les Indiens esclaves à l'état de machines, et réglait tous leurs mouvemens au son de la cloche, n'a laissé après lui que ruines et désolation dans toutes les parties de l'Amérique où il a été appliqué. A peine les jésuites furent-ils chassés que leur œuvre disparut tout entière. Les célèbres missions du Paraguay, où tant de milliers d'hommes travaillaient en chantant des hymnes pieux, ne sont plus aujourd'hui qu'un désert, et des ruines lézardées y sont les seules traces de la civilisation disparue. De même la dépopulation a été presque complète sur les bords de ce Rio-Negro qui forme, avec le Cassiquiare et l'Orénoque, l'une des plus admirables voies de communication intérieure du monde entier, et relie la mer des Caraïbes à l'Atlantique et aux torrens des Andes. Cette région privilégiée, où se retrouvent les avantages des pays continentaux et des pays maritimes, et qui sera peut-être un jour la plus importante du continent colombien, est de nos jours entièrement négligée. C'est en vain qu'Alexandre de Humboldt a mis hors de doute l'existence de cette merveilleuse voie fluviale : elle a cessé presque complétement de servir aux

(1) Mot qui vient probablement du bas allemand *toschauer* (en allemand *zuschauer*), surveillant, et que les Indiens doivent aux Hollandais de Surinam. Les *tuchauas* sont assimilés aux colonels dans le service brésilien.

communications, et les eaux du Rio-Negro, animées par un considérable trafic à l'époque des missions, ne portent plus aujourd'hui que de rares pirogues indiennes, et parfois le canot du gouverneur de Cucuhy. La ruine complète de l'œuvre des jésuites doit-elle être attribuée à leur exil et à la mise en liberté des Indiens, ou bien à la démoralisation que la servitude laisse toujours après elle? Telle est la question que chacun peut résoudre à son gré. Il est certain seulement que de toutes les parties de l'Amérique latine ravagées par les guerres civiles ou les maladies épidémiques, celles qui présentent l'aspect le plus misérable sont les régions si admirablement placées qui ont été le théâtre des entreprises de la compagnie de Jésus.

Depuis l'introduction de la navigation à vapeur sur le fleuve des Amazones, on a tâché de créer plusieurs fois des colonies agricoles, afin de donner aux Indiens purs et métis l'exemple du travail; mais ces tentatives, faites sans discernement et sous les auspices de propriétaires d'esclaves mal disposés envers les travailleurs libres, n'ont en général servi qu'à grever le budget de l'état. La compagnie des bateaux à vapeur s'était engagée à fonder successivement sur les bords du fleuve, et dans un délai de dix années, douze colonies comprenant chacune 600 habitans. C'était condamner à mort 7,200 Européens qu'on eût importés à grands frais, en dépit du climat. Heureusement les premières tentatives faites par la compagnie aboutirent à un si complet insuccès, que le gouvernement dut lui permettre de résilier le traité, tout en lui abandonnant la propriété de quatre-vingt-douze lieues carrées de terrain concédées pour la fondation des colonies. De son côté, le ministre de la guerre faisait inaugurer un nouveau système de colonisation par la création d'un village agricole militaire, près de la ville d'Obidos. Ce village, pour lequel le congrès brésilien a souvent voté de fortes allocations, est toujours pourvu d'un nombreux état-major grassement rétribué; mais il ne comptait que *deux* colons lors de la visite de M. Avé-Lallemant.

Bien plus lamentables encore sont les résultats obtenus à la ferme-modèle de Notre-Dame-do-O', située dans une île qu'entourent les bras de la rivière de Parà. La position de cette colonie est d'une admirable beauté. Les habitations s'élèvent sur le bord du fleuve, qui roule lentement ses eaux dans un lit de 6 kilomètres de large; vis-à-vis se montre la cité de Parà, qui doit à son éloignement un aspect vraiment grandiose; autour des maisons de la colonie se pressent les grands arbres de la forêt, chargés d'orchidées, de bignonias et de lianes de toute espèce : çà et là les palmiers jaillissent en bouquets de cette mer de verdure et de fleurs; mais le contraste que l'œuvre de l'homme forme avec cette nature si magnifique laisse une impression d'autant plus douloureuse. Les chemins ont disparu sous la vase ou sous une végétation humide, les cabanes à peine achevées oscillent déjà sous le vent comme près de tomber, les champs mal cultivés sont envahis par les herbes et les arbustes; tout porte le signe évident de la décadence. Le directeur de la colonie, ayant reconnu que l'île était appropriée à l'établissement d'une plantation sucrière cultivée à la mode du pays par des nègres esclaves, n'avait pas un moment douté que le sol ne convînt aussi à la création de fermes agricoles exploitées par des paysans allemands et belges. Plein de confiance, il avait donc mis son entreprise sous l'invocation de Notre-Dame-do-O', et fait un appel de fonds pour se procurer le nombre de colons nécessaires. D'après le rapport officiel, les premières sommes allouées par la législature de la province furent dépensées en pure perte « à cause de la fuite de certains émigrans et de la mort des autres; » mais, à l'aide de nouveaux fonds que le gouvernement central accorda, on parvint à importer d'Europe plus de cent cinquante malheureux alléchés par des promesses plus ou moins sincères. Là pourtant n'était pas la difficulté capitale : il fallait acclimater les colons dans cette île basse entourée de sa ceinture de mangliers humides, il fallait aussi procurer aux nouveau-venus quelques-uns des avantages dont ils jouissaient dans leur patrie, afin qu'une nostalgie mortelle n'enlevât pas ceux que la fièvre eût respectés. Le directeur de la colonie se mit d'abord à l'œuvre avec un beau zèle : il fit bâtir de jolies cabanes pour la réception des étrangers, il traça des plans de routes et de sentiers à travers la forêt, il fonda une école, puis un hôpital; il promit entière liberté de conscience aux colons hérétiques, « à la condition toutefois qu'ils ne songeassent pas à se bâtir une chapelle, » il poussa même la générosité jusqu'à publier un journal pour l'instruction et l'amusement des travailleurs étrangers; mais bientôt le manque de fonds paralysa cet enthousiasme juvénile : d'abord le journal cessa de paraître, puis la presse fut vendue, ensuite on ferma l'école; enfin, l'hôpital ayant été supprimé à son tour, les colons malades furent abandonnés aux bons soins de leurs amis. La crue annuelle du fleuve recouvrit les défrichemens d'une couche de limon et pendant trois mois rendit toute culture impossible; plus tard, quand les eaux se retirèrent, le sol vaseux, fumant sous les rayons d'un soleil vertical, remplit l'atmosphère de ses exhalaisons malsaines. Ce fut le coup de grâce donné à la colonie, la mortalité devint effrayante et mit un terme à tous les travaux agricoles. Les rares Allemands qui ont eu le bonheur d'en réchapper avec la vie sauve, sans avoir pu cependant s'éloigner encore de l'île qui leur sert de prison, ont abandonné toute tentative d'agriculture, et se livrent à divers métiers manuels moins fatigans que celui du labour.

Quant au directeur, il caresse encore son rêve de colonisation et demande au gouvernement de vouloir bien lui confier désormais « des orphelins abandonnés et des mendians des deux sexes. » Si l'on dévoue ces malheureux à ses expériences civilisatrices, il compte relever encore sa ferme-modèle.

La seule tentative de colonisation qui ait à peu près réussi a été entreprise sous les auspices du baron de Máua, à l'initiative duquel les populations amazoniennes devaient déjà l'introduction des bateaux à vapeur sur leur fleuve. Près de la ville de Serpa, qui occupe une situation des plus heureuses sur la rive gauche de l'Amazone, et non loin de l'embouchure du Rio-Madeira, se trouve une colonie industrielle qui produit un effet singulièrement inattendu au milieu de cette nature indomptée où l'homme a laissé encore si peu de traces de sa puissance. A travers le feuillage épais des arbres, on aperçoit la haute cheminée de l'usine et ses jets de vapeur blanchâtre; de loin on entend déjà le gémissement des scies qui fendent le bois, le ronflement monotone de la locomobile qui pétrit l'argile et comprime les briques. On se croirait transporté en Europe ou dans l'Amérique du Nord, et le bonheur qu'on éprouve en sortant des *selvas* pour entrer dans l'usine enfumée égale au moins la joie que fait ressentir la vue de quelque gorge sauvage dans notre pays si bien mis en culture. Les recettes de l'établissement industriel, que dirige un ingénieur allemand, ne suffisent pas encore pour couvrir les frais; cependant l'usine se trouve dans les meilleures conditions de réussite. Les bois qu'on veut mettre en œuvre sont amenés par le flot même de l'Amazone jusque sur la rive, et l'on n'a qu'à choisir les troncs les plus forts et les plus sains, les essences les plus précieuses, dans cet immense approvisionnement naturel sans cesse renouvelé. D'ailleurs aucune localité, si ce n'est Manaos, n'occupe une situation plus favorable que Serpa pour l'exportation de ses produits soit vers le Rio-Negro, soit vers le Solimoens ou le Madeira, ces trois fleuves gigantesques qui forment au centre de l'Amérique du Sud un si magnifique croisement de bassins. En outre les fondateurs de la colonie de Serpa n'ont pas eu le tort, comme ceux de Notre-Dame-do-O', d'assigner les durs travaux à des Allemands au teint frais, aux cheveux blonds, proies désignées d'avance à la mort. Comprenant mieux leurs intérêts, ils ont confié la grosse besogne matérielle aux Tapuis, aux métis, aux nègres du pays, enfin à quelques engagés chinois venus de Macao.

Les paysans de race blanche établis à Cuba et à Porto-Rico, les *islingues* ou *isleños* (1), qui travaillent la terre dans les Antilles et en

______

(1) *Isleños*, insulaires (en portugais *ilheos* ou *ilhotes*). En Amérique, ou désigne ainsi les émigrans des îles de l'Atlantique appartenant au Portugal et à l'Espagne.

diverses parties du continent américain, prouvent d'une manière incontestable, par leur exemple et une prospérité relative, que certains blancs peuvent aussi bien que les noirs cultiver le sol des contrées tropicales; mais ces blancs acclimatés sont originaires de l'Espagne, du Portugal, de Madère, des Açores, des Canaries, et le soleil brûlant de leur pays natal les avait déjà préparés à la température de la zone torride. Probablement aussi des colons venus d'Allemagne, d'Irlande et d'autres contrées du nord de l'Europe pourraient-ils, sans danger pour leur santé, s'adonner à l'agriculture dans le Brésil équatorial et dans les Guyanes, à la condition d'observer une sobriété rigoureuse, de changer complétement leur genre de vie et de prendre des précautions auxquelles ils n'ont jamais été habitués; mais on ne saurait demander une si profonde science de l'hygiène à des hommes que la misère exile de leur patrie, et qui, peu de temps avant leur départ, ignoraient peut-être encore s'ils devaient choisir pour leur nouvelle demeure les bords glacés du Saint-Laurent ou les moites forêts de l'Amazone. D'ailleurs toute mise en culture d'un sol vierge est un véritable combat, et la suprême condition de la victoire est, pour les émigrans comme pour les hommes de guerre, de connaître parfaitement le danger auquel ils s'exposent et de préparer leur triomphe par une résolution inébranlable. Que peuvent donc faire ces émigrans abusés qui se laissent conduire comme des aveugles là où la mort les attend? Arrivés à leur destination, ils ont à peine entr'ouvert le sol pour y creuser un sillon, que la terre se referme déjà sur eux et devient leur tombeau. Ainsi, de 350 Allemands qui furent amenés en 1836 dans les régions de l'Amazone, il n'en restait l'année suivante que 90, et vingt ans après M. Avé-Lallemant, pendant son voyage de 8,000 kilomètres sur les bords de l'Amazone, ne put en rencontrer que 2 : tous les autres avaient disparu. En 1854, une nouvelle tentative d'émigration amena 470 Portugais dans la province de Parà : trois ans après 60 seulement étaient encore en vie, quoique les Portugais soient beaucoup moins exposés que les Allemands à la terrible influence du climat tropical. L'expérience douloureusement acquise est déjà suffisante pour qu'on s'abstienne désormais de détourner le courant de l'émigration de l'ancien monde vers les plaines basses de l'Amérique tropicale. L'action de l'Europe doit se borner provisoirement à fournir à ces régions des livres et des instituteurs, des machines et des mécaniciens, et non pas des hommes servant de matériaux à la civilisation.

Les véritables colons qu'il faut à ce vaste bassin de l'Amazone, ce ne sont point des Européens que le climat énerve et que la nostalgie tue, ce sont les fils de Tapuis, ces *mamalucos* qui ne sont pas obligés de subir les dures et si souvent fatales épreuves de l'acclimatation physique et morale. Sans eux, toute civilisation importée sur les bords du fleuve brésilien ne sera qu'une civilisation de passage, maintenue à grands frais et destinée à périr. Les métis de l'Amazone forment déjà les élémens d'un peuple : l'initiative européenne prouvera sa vertu, non pas en supprimant ces élémens épars, mais en les réunissant pour leur donner une vie nationale.

D'autres colons attendent aussi sur les plateaux qu'arrosent les premiers affluens de l'Araguay, du Tocantins, du Tapajoz, du Guaporé, et ne demandent qu'à peupler les régions amazoniennes, lorsque l'émigration deviendra facile et ne sera plus accompagnée de terribles dangers. Appartenant pour la plupart à une population de sang mêlé qui s'acclimate dans les régions chaudes beaucoup plus facilement que les blancs purs et se multiplie avec une prodigieuse fécondité, ils sont aujourd'hui séparés de la vallée de l'Amazone par des tribus d'Indiens hostiles dont la terreur publique fait d'invincibles monstres; ils sont retenus surtout par l'énormité des distances et l'impossibilité de voyager promptement sur des fleuves interrompus en certains endroits par des rapides ou même par des cataractes redoutables. Les bateliers emploient quatre ou cinq mois à la remonte du Rio-Tocantins, de l'embouchure du fleuve jusqu'à Porto-Imperial; ils en mettent cinq ou six pour remonter le Tapajoz de Santarem au port Dos Arinos; enfin un voyage entre la province de Matto-Grosso et la ville de Parà occupe près d'une année entière, si bien que les bateliers peuvent à la descente ensemencer des champs qu'ils moissonnent à la remonte. Ainsi les riverains de la partie supérieure du Madeira sont en réalité plus éloignés de l'endroit où les eaux de leur fleuve se réunissent avec la mer que la France ne l'est aujourd'hui de ses antipodes. On comprend donc de quelle importance seraient pour le Brésil septentrional l'amélioration des passes sur les rapides du Madeira, du Tapajoz, du Tocantins, la construction de canaux pour l'évitement des cataractes et l'achat de bateaux à vapeur. Le premier résultat de ces entreprises serait de rapprocher de l'équateur les plateaux de Goyaz et de Matto-Grosso, et la diminution des distances aurait pour conséquence nécessaire l'accroissement de la population. De nos jours, le voyageur américain Gibbon, chargé par le gouvernement des États-Unis d'une mission analogue à celle du lieutenant Herndon, évalue à 2,000 individus seulement le nombre total des riverains du Madeira, de la frontière bolivienne à l'embouchure du fleuve, c'est-à-dire sur une longueur de 1,500 kilomètres environ.

Mais ce n'est pas seulement dans les limites de l'empire brésilien que doit se résoudre le problème de l'avenir pour ces contrées magnifiques, encore si peu utiles à l'humanité; c'est principalement dans les vallées et sur les plateaux des cinq républiques environnantes. Déroulant leur immense demi-cercle autour du bassin de l'Amazone, frangées de distance en distance par les larges vallées de fleuves navigables, les Andes s'affaissent dans les plaines par une succession de terrasses offrant chacune un climat, une faune, une flore, des productions diverses, et formant autant de degrés où les colons peuvent s'accoutumer à la vie tropicale par gradations lentement ménagées. Lorsque des chemins faciles permettront de se rendre des bords du Pacifique au versant oriental des Andes, nul doute qu'une forte émigration, marchant sur les traces de ces pionniers allemands installés dans la vallée du Pozuzo, tributaire de l'Ucayali et de l'Amazone, ne se dirige vers ces terrasses si merveilleusement favorisées par la nature. Toutes ces nouvelles colonies distribuées sur les pentes des montagnes dans les républiques colombiennes, le Pérou et la Bolivie, seront autant de centres de civilisation d'où les produits et les hommes descendront pour suivre les affluens de l'Amazone et donner à ce grand fleuve l'immense importance commerciale qui lui est réservée. Déjà la population des vallées péruviennes et boliviennes est beaucoup plus nombreuse que celle des régions amazoniennes, où l'on ne compte pas même un seul habitant par 10 kilomètres de superficie. En outre les Indiens et les métis qui composent la population presque tout entière des vallées du Pérou et de la Bolivie jouissent de nombreux avantages qui leur assurent une énergie civilisatrice bien supérieure à celle des riverains du Bas-Amazone. D'abord leur climat n'est pas assez énervant pour qu'ils soient obligés de passer leurs journées à nager, comme leurs frères les Tapuis; ils ne sont pas dévorés de moustiques et de *carapanas*; ils respirent un air salubre, sans cesse renouvelé par un vent d'est qui égalise la température et prévient les fortes chaleurs aussi bien que les grands froids; ils ont surtout l'inappréciable privilège de ne pas recevoir leurs alimens tout préparés des mains de la nature et d'être obligés de travailler pour vivre; enfin ils sont libres depuis longues années, ils n'apprennent pas à mépriser le nègre esclave et ne se croient pas déshonorés par le labeur. Supérieurs aux Indiens du Brésil par la taille, la force, l'intelligence et la beauté, ils le sont aussi par l'énergie et l'amour du travail. Les seuls citoyens de la ville péruvienne de Moyabamba fournissent déjà au trafic de l'Amazone trois fois autant de produits que les habitans de l'immense territoire brésilien arrosé par tous ces interminables fleuves qui ont pour nom Solimoens, Rio-Negro, Madeira, Tapajoz. En 1858, les chapeaux dits de Panama, que les industriels de Moyabamba expédiaient au Parà par les voies de l'Amazone, formaient les deux tiers de tous les produits transportés par les bateaux à vapeur. Et, chose remarquable, tandis que l'exportation péruvienne consiste principalement en articles industriels dont la fabrication demande non-seulement une longue patience, mais encore une certaine dose d'art, les Brésiliens de l'Amazone ne livrent au commerce que le fruit de leur cueillette! C'est à peine si les produits des plantes qui ne croissent pas spontanément et demandent la surveillance de l'homme entrent en ligne de compte dans leur insignifiante exportation. Le cacao expédié en 1858 de Manaos à Parà représentait une valeur de 25,000 francs; le café, cette denrée brésilienne par excellence, figurait dans l'exportation totale pour une somme de 500 francs, et pas une seule balle de coton provenant des régions de l'Amazone n'avait même été envoyée à Parà (1). Une seule petite vallée péruvienne est donc beaucoup plus importante pour le commerce que tout le reste du territoire amazonien!

Cependant la partie du Marañon comprise dans le territoire du Pérou n'est pas encore sillonnée par des vapeurs, et les deux bateaux qu'on avait fait venir d'Europe à grands frais se sont engravés avant d'avoir fait un seul voyage utile. Pour arriver jusqu'à Moyabamba, il faut remonter le Huallaga, puis la rivière Paranapura, coupée de cascades périlleuses, gravir une montagne escarpée, longer d'effrayans précipices sur une étroite corniche incessamment ébranlée par les eaux du Pumayacu ou cataracte du Lion, et s'élever enfin sur une paroi de rocher à pic en montant les degrés d'un escalier de bois suspendu au-dessus des abîmes. Tous les objets doivent être transportés à dos d'homme, et souvent un seul négociant emploie de trois à quatre cents porteurs pour expédier ses denrées ou faire venir les marchandises achetées à Tabatinga. On ne saurait donc s'exagérer l'importance du réseau fluvial de l'Amazone pour les républiques colombiennes, lorsque la vallée du Huallaga, dans le Pérou, ne sera pas la seule qui permette aux Hispano-Américains d'exporter leurs produits à Parà, lorsqu'on pourra tourner les cascades du Caquetà, du Napo, du Mamorè, du Purus, et s'embarquer au pied même du Chimborazo, du Sorata, de l'Illimani, pour se rendre jusque dans l'Atlantique. Alors le grand fleuve, artère aujourd'hui presque inutile d'un territoire où sont perdus 250,000 habitans, encore sauvages pour la plupart, ou bien réduits en servitude, deviendra la principale voie d'échange pour une population plus considérable déjà que celle de tout l'empire brésilien, et composée en entier d'hommes libres. Ce sera là une véritable révolution commerciale pour l'Amérique du Sud, et du coup l'importance économique de l'Amazone sera plus que vingtuplée. L'or, l'argent, le mercure, le sel des mines de la Colombie et du Pérou,

---

(1) En 1858, les bateaux à vapeur transportèrent de Manaos à Parà des produits pour une valeur totale de 1,108,000 francs. De cette somme, 700,000 francs environ représentaient la valeur des exportations péruviennes.

les drogues précieuses, les céréales, les fruits, les produits industriels des plateaux, descendront par cette voie, chemin le plus court ouvert dans la direction de l'Europe et des États-Unis. Toutes ces richesses restent aujourd'hui le plus souvent sans emploi. Dans les circonstances les plus favorables, elles s'expédient par les villes riveraines du Pacifique, grevées d'une énorme augmentation de prix, ou bien se consomment sur place à cause du manque de débouchés. Quand elles se dirigeront enfin vers l'Atlantique par tous les larges canaux navigables qui s'ouvrent au pied même des Andes, alors il n'est pas douteux que les colons de toutes les races n'obéissent à l'appel du commerce et ne viennent en foule animer les solitudes de l'Amazone. Le fleuve, aujourd'hui si désert, sera sillonné par de nombreux vapeurs qui feront surgir des villes sur tous les points du rivage où toucheront leurs proues; la tranquille Para, devenue l'entrepôt des richesses d'un territoire qui comprend la moitié d'un continent, jouera bientôt le rôle d'*emporium* que lui assigne la nécessité des choses, et se rangera au nombre des grandes cités commerciales de la terre. Pour hâter la réalisation de ces promesses de l'avenir, il faut que l'empire brésilien comprenne l'étroite solidarité d'intérêts qui l'unit avec les républiques voisines; il faut que ses hommes d'état aient sérieusement à cœur les progrès de ces nations hispano-américaines qui seules peuvent donner une prospérité durable à l'immense territoire arrosé par l'Amazone. Au lieu d'agiter de misérables questions de limites à propos de vastes déserts, qu'ils peuplent ces mêmes espaces en multipliant les points de contact avec les contrées voisines, en facilitant les relations, en abolissant le monopole de la navigation à vapeur sur l'Amazone, en rappelant le tarif des douanes qui pèse si lourdement sur les produits de l'Europe, et force les consommateurs des Andes péruviennes à traverser les montagnes pour y trouver des marchés d'approvisionnement.

Déjà, depuis de longues années, les républiques du Pérou et de la Bolivie ont, par une déclaration solennelle, ouvert au commerce du monde leurs ports de rivière situés sur le Marañon et ses affluens; mais cet appel ne saurait aboutir à aucun résultat sérieux tant que le Brésil gardera avec jalousie l'entrée du fleuve, et par son tarif exorbitant se réservera le monopole absolu du trafic. Autrefois cet empire pouvait, à tort ou à raison, alléguer la terreur que lui inspiraient les flibustiers américains et barrer l'Amazone pour rendre une descente de Walker impossible; maintenant il n'a plus à craindre l'invasion des *chevaliers du cycle d'or*, puisque la république américaine n'est plus livrée aux propriétaires d'esclaves. Le moment est donc venu pour le Brésil de s'assurer à jamais la possession des régions amazoniennes en utilisant les admirables ressources de cette terre promise. Quel changement soudain s'opérerait au profit de l'empire sud-américain, s'il proclamait la liberté de cet immense réseau de mers intérieures, comme on a déjà proclamé la liberté des océans, destinée à produire bientôt celle des détroits! La révolution que le percement du canal interocéanique de Panama amènerait pour les villes du Pacifique, l'ouverture de l'Amazone l'opérerait aussi pour les populations nombreuses qui habitent les bords du fleuve et les plateaux des Andes. Et ce ne sont pas des centaines de millions qu'il faudrait pour accomplir cette révolution ; un simple mot suffirait !

Si les riverains de l'Amazone brésilien doivent attendre la prospérité matérielle de leur libre communication avec les républiques de l'ouest, c'est à elles également qu'ils doivent demander la solution de ce dur problème de l'esclavage, aujourd'hui si fatal aux progrès du Brésil. Ils ont déjà sur leurs compatriotes des autres parties de l'empire l'avantage inappréciable de posséder un nombre de nègres relativement minime; plus tard, les relations fréquentes que le commerce ne manquera pas de nouer entre eux et les populations républicaines des Andes auront pour conséquence nécessaire de hâter l'élimination de l'esclavage. En outre, si les bords de l'Amazone ne sont plus habités par les nombreuses tribus qu'Orellana rencontra dans son mémorable voyage, les débris des Tapuis qui existent encore ne sont pas irrévocablement condamnés au massacre, comme semblent l'être dans le reste du Brésil les tribus éparses des Bugres et des Botocudos; par des croisemens incessans, ces descendans des anciens possesseurs du sol sont attirés peu à peu dans la société civilisée, et dans l'espace de quelques générations émergent de leur abrutissement barbare pour s'élever à la dignité de citoyens. Ce sont là de grands priviléges pour les contrées de l'Amazone. Certes ces régions sont encore bien en retard sur les provinces du littoral au point de vue de la civilisation extérieure : leurs villes ne peuvent se comparer aux puissantes cités de Pernambuco, de Bahia, de Rio-Janeiro; mais elles ne renferment pas au même degré les germes de désorganisation qui menacent la prospérité du reste de l'empire. Un procès aux redoutables conséquences se plaide sourdement entre le travail libre et le travail esclave dans les profondeurs de la société brésilienne. Que dans ce procès les riverains des Amazones rompent toute solidarité avec leurs compatriotes du sud, qu'ils affranchissent leurs rares esclaves et fassent instruire les Indiens : à ce prix, ils échapperont aux incertitudes de l'avenir et pourront, sans crainte de convulsions sociales, développer les immenses ressources de leur magnifique territoire. Alors seulement ils découvriront dans leurs forêts ce fabuleux Eldorado que tant de conquérans voués à la mort avaient si longtemps et si vainement cherché.

ÉLISÉE RECLUS.

LE BRÉSIL

ET LA COLONISATION

II.

LES PROVINCES DU LITTORAL, LES NOIRS ET LES COLONIES ALLEMANDES.

Reise durch Süd-Brasilien im Jahre 1858; Reise durch Nord-Brasilien im Jahre 1859, von Dr Avé-Lallemant; 4 vol., Leipzig, 1859 et 1860. — *Deux années au Brésil,* par M. F. Biard; Paris, 1862. — *Brasilianische Zustände und Aussichten im Jahre 1861,* Berlin 1862. — *Historisch-geographisch-statistische Skizze der brasilianischen Provinz Rio-Grande-do-Sul,* von Woldemar Schultz, Berlin 1860. — *Brazil pittoresco,* por Charles Ribeyrolles.

I.

Le voyageur qui parcourt les provinces du littoral brésilien après avoir visité les régions amazoniennes est frappé d'un singulier contraste : à des pays riches et néanmoins presque déserts (1) succède une zone où une civilisation relativement avancée a partout marqué son empreinte. Ce contraste s'explique facilement par la position géographique des deux moitiés de l'empire. Les courans maritimes indiquaient d'avance la direction que suivraient les colons européens, et les navires entraînés par les tempêtes venaient, en s'échouant sur la plage, marquer l'endroit où s'élèveraient un jour les grandes cités du Brésil. En quittant le Portugal, les embarcations se dirigeaient d'abord vers le sud-ouest sous la double pression des vents alizés et du reflux du *gulfstream,* puis elles se laissaient pousser par les eaux de l'Atlantique équinoxial vers les côtes du Nouveau-Monde, et s'engageaient dans le courant qui longe les rivages brésiliens au sud de l'équateur. Lorsqu'Alvarès Cabral débarqua près de l'île Paschoal

(1) Voyez la *Revue* du 15 juin.

et prit possession de la rive qui porte aujourd'hui la ville de Porto-Seguro, à plus de cent lieues au sud de Bahia, il n'avait fait que suivre l'impulsion du flot.

Ainsi privilégiée par la direction des courans qui viennent baigner son littoral, la partie orientale du Brésil ne l'est pas moins par son climat. L'hivernage y est mieux réglé que dans les provinces amazoniennes; la température n'a pas cette moite chaleur des calmes équatoriaux, et la marche du soleil y entretient ce rhythme périodique des saisons si nécessaire aux constitutions européennes, accoutumées au flux et au reflux annuels de la chaleur et du froid. A une petite distance au sud de Rio-Janeiro, le Portugais des Algarves retrouve déjà une température moyenne égale à celle de son pays natal, et peut risquer sans trop de danger l'épreuve de l'acclimatation, parfois si redoutable. Aussi bien que le climat, le relief géographique du sol favorise la colonisation du Brésil oriental. Au sud du cap Saint-Roch, les régions du littoral ne sont pas de vastes plaines basses comme le territoire immense arrosé par l'Amazone et ses affluens; mais, à l'ouest de la côte hérissée de rochers, le sol se relève, soit par terrasses successives, soit par un redressement soudain. Une barrière empêche ainsi les émigrans de se répandre au loin dans les solitudes où leurs forces isolées pourraient se perdre; elle leur assigne dans les premiers temps une zone étroite de cultures et les retient dans un même groupe de familles; elle les force à coloniser les embouchures des rivières et les rivages des baies admirables qui frangent le littoral, et, limitant l'espace où doit s'élaborer la civilisation, en augmente proportionnellement la puissance. Cependant, si de hardis pionniers franchissent la barrière qui défend l'accès de l'intérieur, ils atteignent des contrées analogues à celles de l'Europe par le climat et la végétation. De la zone des palmiers, ils montent graduellement jusqu'aux forêts d'araucarias, qui ressemblent à nos bois de conifères; enfin ils arrivent au sommet de la chaîne et voient s'étendre au loin vers l'ouest le plateau accidenté des *campos* parsemés de bouquets d'arbres : c'est là que l'émigrant d'Europe retrouve l'air fortifiant, les froidures de son pays et ces terres qui, malgré leur fertilité naturelle, attendent néanmoins, pour produire, d'être sollicitées par le travail de l'homme. Cette disposition des chaînes côtières est un précieux avantage, à la fois pour la grande masse des émigrans qui peuvent se constituer d'autant plus fortement que leur territoire offre moins d'étendue, et pour les hommes d'initiative qui vont conquérir sur les plateaux un sol mieux approprié à leur travail. C'est ainsi que les arêtes des Alleghanys dans la Nouvelle-Angleterre, que les Petites-Cordillères, qui traversent le Chili parallèlement à la grande épine dorsale des Andes, ont exercé dans ces deux pays une influence des plus heureuses sur les progrès de la civilisation; mais si le Brésil oriental doit en grande partie à ce bourrelet de montagnes sa population relativement nombreuse, il la doit aussi à l'excellence de ses ports : Bahia, Rio-Janeiro, Desterro, San-Francisco. Enfin ses mines d'or et de diamans, jadis si riches, exerçaient une fascination souveraine sur la plupart des émigrans. Parmi les causes qui ont le plus contribué au peuplement rapide des côtes du Brésil, faut-il indiquer encore la proximité du rivage africain? Faut-il dire que, grâce au peu de largeur de la nappe d'eau marine qui sépare en cet endroit l'ancien monde du nouveau, les négriers pouvaient exercer facilement leur mission prétendue civilisatrice et transporter à peu de frais des milliers de nègres dans les colonies portugaises de l'Amérique?

On ne saurait donc s'étonner que les grandes cités du Brésil aient été fondées sur la partie du littoral qui s'étend au sud du cap Saint-Roch. Aujourd'hui Rio-Janeiro, Bahia, Pernambuco, peuvent se mesurer avec les villes secondaires d'Europe pour le chiffre de la population et l'importance du commerce; elles reconnaissent à peine une ou deux rivales dans l'Amérique du Sud. Presque tous les étrangers qui visitent ces reines du Brésil en parlent avec un profond sentiment d'admiration, dû, il faut l'avouer, moins à leur beauté qu'à la magnificence du paysage qui les environne. Rio-Janeiro, que les voyageurs comparent à Naples et à Constantinople, en lui donnant parfois l'avantage, doit son apparence grandiose à sa ceinture d'arbres, aux eaux bleues de sa baie parsemée de navires, à ses îles qui se groupent dans le plus harmonieux désordre, au Paõ d'Assucar, qui garde l'entrée du port, au Corcovado, aux Tres Irmaoës, qui dressent au-dessus des campagnes leurs formes fantastiques, diversement éclairées par la lumière, à l'arête dentelée de la Serrados-Orgaoës, qui se prolonge au loin et va se perdre à l'horizon bleuâtre : toutes ces splendeurs réunies composent un spectacle merveilleux, que M. Charles Ribeyrolles, dans un ouvrage malheureusement interrompu par la mort, a su décrire avec une singulière éloquence. La ville, simple trait de cet admirable tableau, participe à la splendide poésie de l'ensemble; mais quand on s'engage dans ses carrefours, on s'aperçoit bien vite que Rio-Janeiro doit peu de chose au bon goût et à l'industrie de ses habitans. A part deux ou trois boulevards élégans, à part quelques édifices modernes que la capitale du Brésil a cru nécessaires à son rang de première cité du continent colombien, elle n'offre guère que des rues malpropres, des constructions sans grandeur, et, bien que son bel aqueduc lui fournisse de l'eau en très grande abondance, ses rares égouts sont encore des foyers d'infection. Bahia, ancienne capitale du Brésil, est assise, comme Rio-Janeiro, sur le rivage d'une baie ou plutôt d'une mer intérieure. Elle est riche en couvens, en églises magnifiques, et justifie ses prétentions monumentales par de belles fontaines de bronze et de charmans groupes de sculpture; mais ses rues ne sont qu'un labyrinthe d'escaliers, de passages, de carrefours et d'impasses où l'on voit la population grouiller dans les ordures. Pernambuco est la Venise du continent colombien. Séparée de la mer par un étroit récif semblable à un brise-lames régulier qu'aurait construit la main des hommes, elle groupe ses différens quartiers autour de charmantes lagunes, dominées au nord par l'antique cité d'Olinde; ses quais offrent des rangées de maisons splendides qui rappellent les grandes cités commerciales de l'Europe; de beaux édifices s'élèvent de toutes parts; les environs sont parsemés de villas élégantes. Un certain esprit d'entreprise, très rare dans le Brésil, se fait jour dans l'ancienne cité de Maurice de Nassau, grâce peut-être à la persistance de l'élément hollandais. Peuplée d'une race plus énergique, Pernambuco possède aussi sur ses rivales du sud le privilége inappréciable d'être plus rapprochée de l'Europe. Poste avancé du continent, elle voit passer tous les navires qui se dirigent vers le sud et s'efforce de les retenir au passage. C'est là que les lignes de navigation à vapeur doivent nécessairement chercher un point d'attache commun.

En général, les municipalités des grandes villes brésiliennes, à l'exception de Rio-Janeiro, semblent tenir principalement à la construction d'édifices de luxe et négligent assez les améliorations qui ont rapport à la propreté urbaine. A Bahia, à Pernambuco, on a dépensé bien des millions afin de bâtir des théâtres somptueux et s'assurer de célèbres *prime donne;* mais on s'est donné moins de peine pour les égouts, si nécessaires dans cet empire de la fièvre jaune, pour les prisons, abominables sentines où les Howard ne se sont jamais aventurés, pour les hôpitaux, que les pauvres redoutent à bon droit comme les antichambres de la mort. Rio-Janeiro est la seule des grandes villes du Brésil qui possède un asile de fous; encore le ministre fondateur de cette institution utile a-t-il sacrifié plus au luxe qu'au véritable comfort, et l'on dit que pour recueillir les fonds nécessaires il a dû faire appel, non pas à la charité, mais à la plus mesquine des ambitions, celle des titres de noblesse. On pourrait aussi reprocher aux Brésiliens cette imprévoyance ambitieuse avec laquelle ils commencent des travaux que leur fait abandonner plus tard le manque de fonds. Partout on voit des routes ouvertes à grands frais que la végétation obstrue déjà et qui vont se perdre au milieu de la forêt, partout des ponts dont il ne reste que des piles ou des culées penchant sous l'effort des terres ou bien à demi renversées par les inondations, partout des fondemens d'édifices qui devaient être splendides, mais dont les murailles à peine élevées au-dessus du sol ne servent aujourd'hui qu'aux reptiles. Il en est de même dans le domaine de la science et des arts. Une expédition de savans, organisée avec le plus grand soin sous les auspices immédiats de l'empereur du Brésil, s'est bornée aux explorations préparatoires et aux magnifiques promesses : elle a dû être remise à des temps meilleurs après avoir coûté près de 2 millions au trésor public. A Rio-Janeiro, le musée d'histoire naturelle, bel édifice admirablement disposé, n'offre aux étrangers que des objets sans importance, et, si nous devons en croire le témoignage de M. Biard, l'École des beaux-arts comptait en 1858 neuf professeurs pour un auditoire de trois élèves seulement. Ce sont là des ridicules qui se retrouvent aussi dans la plupart des sociétés hispano-américaines. Les jeunes nations n'ont pas toujours l'énergie nécessaire pour donner suite à leurs ambitieux désirs; mais les tentatives inutiles se répètent souvent et sont enfin suivies d'efforts plus heureux. En dépit d'insuccès répétés, de déboires lamentables, d'entreprises dévoyées, les routes s'ouvrent, les villes se multiplient, les édifices s'achèvent. Une première couche de ruines prépare le sol sur lequel doivent un jour s'élever des monumens durables.

Les voies de communication sont, au point de vue matériel, l'œuvre la plus importante que se proposent les Brésiliens. En effet, la population de l'empire se distribue en deux longues zones parallèles et distinctes dont l'une se développe au bord de la mer, tandis que l'autre occupe les plateaux de l'intérieur. Quelques rivières coupées de cataractes (1), quelques sentiers périlleux et deux routes à peine font communiquer les plaines du rivage avec les hautes vallées : presque partout une lisière de forêts ...rges, devenues la retraite des onces, des tapirs et des Indiens féroces, sépare les deux rangées de colonies habitées par les Brésiliens civilisés. Réunir ces deux zones, mettre en rapport constant la région des diamans et de l'or avec celle du sucre et du café, faciliter l'échange des produits entre les consommateurs de la plaine et ceux des hauteurs, telle est la tâche principale que se donne le Brésil. Aujourd'hui les transports s'opèrent avec tant de difficulté que les cités du littoral, dont l'horizon lointain est borné par l'immense étendue des forêts vierges, sont obligées de demander leurs bois de construction à la Scandinavie. La province de Minas-Geraës, qui contient à elle seule plus de la septième partie de la population de tout l'empire, est depuis quelques années à peine reliée à Rio-Janeiro par une route de voitures; mais ses communications avec les provinces limitrophes de Saõ-Paulo, de Bahia, de Pernambuco, sont encore très longues et très

—————

(1) La chute du San-Francisco, connue sous le nom de cataracte de Paulo-Affonso, rivalise en beauté avec la chute du Niagara.

difficiles; tout le commerce doit se faire au moyen de mulets de charge.

L'ouverture de routes entre les villes maritimes et celles de l'intérieur est indispensable à d'autres points de vue que celui du trafic. Au premier abord, le Brésil semble un des empires les plus compactes de la terre; cependant il n'est guère qu'une agglomération de territoires presque complétement distincts. L'immense bassin de l'Amazone est un domaine à part que la navigation à vapeur rattache aux provinces du littoral; la mer seule permet d'atteindre ce pays, que l'on pourrait croire réuni au reste du Brésil par la double artère du Tocantins et de l'Araguay. Ainsi une escadrille ennemie stationnant devant l'estuaire de l'Amazone suffirait pour couper le Brésil en deux moitiés presque aussi distinctes l'une de l'autre que la France l'est de l'Algérie. De même, les districts de Cuyaba et de Matto-Grosso, que pourrait tôt ou tard menacer la Bolivie, sont séparés de la capitale par les montagnes, les forêts et les Indiens, si bien qu'une année entière s'écoule entre le départ d'une expédition envoyée dans ces provinces de l'ouest et son retour à Rio-Janeiro. Le Brésil, malgré l'apparente cohésion de ses diverses parties, se compose donc en réalité de trois contrées juxtaposées, mais distinctes : les provinces du littoral, reliées les unes aux autres par la navigation côtière, le bassin de l'Amazone, enfin les régions occidentales, arrosées par le Paraná, le Paraguay et leurs divers affluens. Un pareil état de choses prouve l'importance que doit avoir la question des voies de communication aux yeux de tous les Brésiliens désireux d'assurer à jamais l'intégrité de leur patrie.

C'est une œuvre bien difficile que la construction de routes dans un pays si vaste et si faiblement peuplé, surtout lorsque la majorité des habitans valides tient la paresse en grand honneur. Quelques-unes des pages les plus dramatiques du livre de M. Avé-Lallemant sont consacrées à la description d'un voyage qu'il entreprit avec un ingénieur de ses amis pour se rendre de la colonie de Donna-Francisca aux pâturages du plateau de Corityba. Ils partirent accompagnés d'une dizaine d'hommes vigoureux qui portaient leurs provisions, et devaient leur frayer un chemin dans la forêt à coups de sabre et de hache. Ils se promettaient d'arriver en huit jours, car le plateau s'élève de 1,000 mètres à peine au-dessus de la mer et n'est éloigné de la colonie que de 35 kilomètres à vol d'oiseau. Guidés par la boussole et par les souvenirs de l'ingénieur, qui en était à son second voyage, ils croyaient n'avoir à courir aucun danger, et c'est avec une sorte de joie triomphante qu'ils commencèrent le percement de leur *picada* à travers les solitudes sacrées de la forêt; mais les difficultés de la route calmèrent bientôt leur héroïsme juvénile. A chaque pas, ils rencontraient des branches épineuses, qu'ils devaient écarter soigneusement pour ne pas se déchirer, des lianes au-dessous desquelles ils étaient obligés de se glisser, des troncs renversés qu'il fallait contourner ou franchir péniblement. Malgré tous leurs efforts, ils ne purent jamais fournir une marche de plus de 3 ou 4 kilomètres par jour. Le huitième jour, lorsqu'ils croyaient se trouver à quelques centaines de mètres à peine des pâturages et se félicitaient déjà de leur succès, ils virent se dresser devant eux une muraille de rochers à pic, infranchissable en apparence. M. Avé-Lallemant grimpa jusqu'à la cime d'un arbre élevé; mais, par-dessus la mer de feuillage dont l'immense étendue lui donna le vertige, il ne put découvrir aucune fissure qui permît d'atteindre les *campos*. Il fallut revenir en arrière, descendre de branche en branche la pente rapide d'un étroit ravin, et monter à travers un fourré presque impénétrable sur une terrasse doucement inclinée. La traversée de ce ravin occupa plusieurs jours, et sembla d'autant plus pénible aux voyageurs qu'ils avaient dû prudemment se mettre à la ration. Le quatorzième jour, les provisions manquèrent tout à fait, et lorsqu'on atteignit enfin le plateau tant désiré où les vastes pâturages alternaient avec les bosquets de sombres et majestueux araucarias, le repas de la journée s'était composé de trois perroquets partagés en douze morceaux.

Tous les voyageurs qui veulent se frayer une *picada* à travers les forêts inviolées rencontrent des obstacles analogues, et lorsqu'il s'agit de transformer ces sentiers à peine indiqués en chemins praticables aux mulets ou même en routes carrossables, les difficultés sont centuplées. Heureusement les grandes entreprises, qui doivent coûter de fortes sommes, sont précisément celles qu'on s'occupe le plus soigneusement de mener à bonne fin. On cite de nombreux exemples de routes ordinaires ouvertes à grands frais, puis abandonnées aux ronces et aux lianes; mais tous les chemins de fer commencés se poursuivent, soit que les Brésiliens tiennent à honneur de posséder aussi leur réseau de voies ferrées, comme les États-Unis et les pays d'Europe, soit plutôt parce qu'ils ont fait appel aux capitalistes anglais, et que ceux-ci mettent leur persévérance britannique au service de l'œuvre commencée. Le premier chemin de fer exécuté au Brésil réunissait la baie de Rio-Janeiro à la base des montagnes de Pétropolis : pendant longtemps, il ne fut guère qu'un coûteux joujou de cinq milles de long; mais aujourd'hui les ingénieurs ont pour seul but de surmonter l'obstacle que forment la chaîne ou les terrasses côtières, et de mettre en communication les plateaux cultivés de l'intérieur avec les ports d'embarquement. Ainsi une voie de fer part de Pernambuco et se dirige vers le San-Francisco pour l'atteindre en amont de la cataracte de Paulo-Affonso et se rattacher à une ligne de navigation intérieure. Un autre chemin de fer, ayant Bahia pour *terminus*, remonte également vers le San-Francisco pour prendre sa part des produits que la province de Minas-Geraës expédie par ce fleuve. Rio-Janeiro, plus favorisée, possède déjà plusieurs lignes qui traversent la Serra-dos-Orgaoës, pénètrent dans la vallée populeuse du Parahyba et servent d'avenues commerciales aux riches districts de Cantagallo, d'Ouro-Preto, de Barbacena. Enfin la province de Saõ-Paulo est dotée, du moins en espérance, d'un chemin de fer qui doit réunir le port de Santos à la ville de Jundiahy et mettre ainsi en rapport avec l'Atlantique les régions jadis peu accessibles qu'arrosent les affluens du Paranà. En outre on a mis à l'étude plusieurs autres lignes ferrées qui auront toutes pour résultat de rapprocher de la mer les districts que le relief du sol en sépare encore aujourd'hui. Pour allécher les capitaux, le congrès offre, conjointement avec les législatures des provinces que doivent traverser les nouvelles artères, une garantie de revenu de 7 pour 100 par an. L'avidité des planteurs, qui, non contens de s'enrichir par le voisinage des voies ferrées, se font encore payer leurs terres à des prix très élevés, a souvent retardé la marche des travaux; mais elle n'a jamais pu les arrêter. Malgré de nombreux obstacles, ces œuvres se poursuivent et s'achèveront graduellement. Si l'empire brésilien est encore bien éloigné d'avoir son réseau, même en projet, il commence du moins à posséder des points d'attache importans autour desquels rayonneront plus tard toutes les voies ferrées. Grâce aux bateaux à vapeur, elles continueront sur le Nouveau-Monde cette grande ligne européenne, non encore terminée, qui vient aboutir à Lisbonne, et promet de restituer à cette cité commerciale son antique importance.

Seule, la république du Chili devance l'empire brésilien par les progrès matériels et la civilisation extérieure; mais on doit avouer qu'elle ne jouit pas encore d'une tranquillité politique aussi profonde. Ce n'est pas que le Brésil n'ait eu aussi sa part de convulsions politiques pendant les quarante années qui se sont écoulées depuis sa déclaration d'indépendance. Pernambuco inaugura les troubles en proclamant en 1824 la confédération de l'Équateur. Ensuite vint la guerre civile, qui se termina en 1828 par l'abandon définitif de l'estuaire de la Plata et la reconnaissance de la république de l'Uruguay. Apaisée dans le sud, la guerre recommence à l'autre extrémité de l'empire, et la terrible et longtemps victorieuse révolte des *cabaneiros* éclate dans les provinces du nord et sur les bords de l'Amazone; puis les habitans du Rio-Grande-do-Sul se révoltent à leur tour en 1831 et forment une république indépendante, qui ne fut réduite définitivement qu'après douze années de lutte. En 1838, les nègres et les mulâtres s'emparent de Bahia, organisent un gouvernement régulier, et ne rendent la ville qu'après avoir soutenu un siége de plusieurs jours contre une armée et une flotte nombreuses. En 1840 et 1841, une nouvelle révolte éclate aux portes mêmes de Rio-Janeiro, et pendant plus d'une année la province centrale de Minas-Geraës, la clé de voûte de l'empire, reste au pouvoir des insurgés. Plus tard, de nouveaux troubles se succèdent dans les provinces d'Alagoas, de Maranhaõ ; enfin l'année 1848 ne s'écoule pas sans que le Brésil n'ait sa petite révolution dans la ville de Pernambuco. Depuis cette époque, une paix inviolée règne sur toute l'étendue de l'empire, et les paquebots venus du Brésil n'apportent que le cours du change et du café, quelques échos affaiblis des discussions des chambres, ou tout au plus la nouvelle de quelque changement pacifique de ministère.

Cependant, quand on étudie les raisons secrètes des guerres et des révolutions successives qui ont longtemps entravé les progrès de l'empire brésilien, on s'aperçoit que les grandes causes de désordre qui agissaient avant 1848 n'ont pas cessé d'exister. L'une de ces causes, toute politique, est l'antagonisme des intérêts provinciaux. On comprend en effet que l'entente cordiale entre les populations diverses soit difficile dans cet immense Brésil, qui d'un côté dépasse l'équateur, de l'autre plonge à une grande distance dans la zone tempérée, et se perd à l'ouest dans les forêts inexplorées des Andes, tandis qu'à l'orient ses côtes offrent sur l'Atlantique plus de 2,000 kilomètres de développement. Tel ordre émané du gouvernement emploie près d'une année pour atteindre les frontières ; aussi toute centralisation administrative devient facilement une insupportable tyrannie aux extrémités du territoire brésilien, et tout naturellement les provinces éloignées de la capitale cherchent à s'y soustraire en adoptant le système de la fédération. C'est là ce qu'essayèrent inutilement d'accomplir les révolutionnaires du Rio-Grande-do-Sul et de Minas-Geraës. C'est là ce que désire encore la ville remuante de Pernambuco, surveillée avec tant d'anxiété par le gouvernement (1). Pour éviter le retour de convulsions semblables à celles qui bouleversaient autrefois l'empire, le pouvoir central a soin de ne pas trop s'ingérer dans l'administration particulière des provinces et des communes ; mais on peut douter que cette politique prudente suffise à elle seule pour résoudre en une paix générale l'antagonisme des Brésiliens de l'est et de l'ouest, du nord et du midi, et l'on se demande si la réconciliation des diverses provinces n'est pas due bien plus à leur solidarité en présence d'un même danger qu'à toutes les précautions du gouvernement. L'esclavage, cette plaie qui ronge

(1) La rapidité singulière avec laquelle se succèdent les présidens de la province de Pernambuco est un signe de cette sollicitude. Du mois de novembre 1858 au mois de juin 1859, c'est-à-dire en six mois, cinq personnages envoyés de Rio-Janeiro ont tour à tour occupé le siége présidentiel de Pernambuco.

plus ou moins toutes les portions de la société brésilienne, crée aux maîtres une communauté d'intérêts et les force à négliger la politique locale pour se prémunir de concert contre le péril qui les menace tous ensemble. Autrefois, lors des insurrections serviles de Parà, de Pernambuco, de Bahia, les noirs et les Indiens soulevés demandaient à grands cris la mort des blancs, et même dans les révolutions de Minas-Geraës et de Rio-Grande-do-Sul, qui avaient un caractère plus spécialement politique, la lutte à main armée menaçait de dégénérer en une véritable guerre de races. Ce sont là des actes dont la signification redoutable ne pouvait échapper à l'aristocratie brésilienne, et qui ont fait sacrifier sur l'autel de l'ordre public toutes les dissensions de province à province. Les propriétaires du sol se sont réconciliés par crainte des noirs et des métis, des esclaves et des affranchis, des prolétaires de toute nuance et de toute origine. C'est donc à la guerre sourde qui sévit entre les races qu'on doit, sans craindre d'émettre un paradoxe, attribuer cette paix, si profonde en apparence, qui distingue le Brésil entre tous les pays de l'Amérique du Sud.

II.

On n'a pas encore opéré un seul recensement sérieux de l'empire brésilien, et l'on ne possède sur le chiffre total de la population (1) que des évaluations approximatives. On ne peut donc établir d'une manière satisfaisante ni le nombre des esclaves, ni le rapport qui existe entre la population asservie et la population libre, d'autant moins que par insouciance ou à dessein on laisse planer une ombre mystérieuse sur cette partie de la statistique brésilienne. D'après quelques économistes, les noirs et les mulâtres réduits en esclavage formeraient une armée de plus de 4 millions d'hommes et dépasseraient ainsi le nombre des Brésiliens libres de toute race et de toute couleur; d'autres indiquent comme plus probable le nombre de 3 millions; enfin, si l'on s'arrête au témoignage des planteurs, qui ont intérêt à dissimuler le nombre des esclaves à cause de l'impôt de capitation, on ne saurait fixer à moins de 2,500,000 le chiffre des Africains et des hommes de couleur condamnés à la servitude. Ainsi, même en acceptant cette dernière évaluation comme la moins effrayante, le Brésil se trouverait, au point de vue du travail, dans une position bien plus dangereuse que celle de la république américaine avant la guerre civile : là, sur huit hommes, un seul était

(1) Elle dépasse probablement 8 millions d'habitans, en y comprenant plus de 400,000 Indiens sauvages. En 1856, on l'estimait à 7,677,800 âmes, c'est-à-dire à un habitant par kilomètre carré. A ce compte, le Brésil est soixante-quinze fois moins peuplé que la France. — *On veut-je même d'accord sur la population de Rio-Janeiro. En 1859, les membres de la société statistique ont essayé de fixer la question, les estimations variaient de 100,000!*

esclave; au Brésil, la proportion est d'un esclave sur trois habitans, et, grâce à la rapidité avec laquelle se déroulent les événemens de l'Amérique du Nord, il n'est pas douteux que, dans un avenir rapproché, l'empire brésilien n'ait le triste honneur d'occuper le premier rang comme puissance esclavagiste, non-seulement par la proportion relative, mais encore par le nombre absolu de ses esclaves. Dans presque toutes les provinces du littoral, entre Rio-Janeiro et Pernambuco, la population des nègres asservis dépasse considérablement celle des hommes libres. Bahia fourmille de noirs au point de ressembler à une cité d'Afrique.

Certaines formes de l'esclavage, il est vrai, sont incontestablement beaucoup plus cruelles dans les plantations américaines que dans celles du Brésil, et cependant, si je ne craignais de commettre un véritable blasphème en associant des idées aussi contradictoires, je dirais que l'institution servile offre aux États-Unis une apparence de moralité qu'on chercherait vainement au Brésil. Les planteurs américains, avertis par la réprobation de leurs compatriotes et par la voix de leur propre conscience, n'ont jamais cessé de discuter l'esclavage au point de vue de la justice. Ils l'avaient même condamné d'abord et avaient pris çà et là quelques mesures pour en préparer l'abolition; puis, quand les intérêts particuliers et les ambitions politiques vinrent modifier leurs opinions premières, ils tâchèrent du moins de justifier leur cause par tous les argumens imaginables. Cette prétention témoigne au moins d'un certain besoin de justice que les institutions ont pu pervertir, mais qu'elles n'ont pas complétement supprimé.

Immergée au contraire complétement dans l'esclavage, la société brésilienne ne saurait en apprécier la justice ou l'iniquité : ce fait monstrueux de la possession de l'homme par l'homme lui paraît si naturel, si peu répréhensible, que l'état lui-même achète ou reçoit en héritage des nègres et les fait travailler pour le compte du budget. Les couvens ont aussi leur domesticité africaine, que les contrats de vente déclarent être la propriété réelle du grand saint Benoît ou du non moins grand saint Ignace. De même, par pure charité d'âme, les administrateurs de l'hospice de Rio-Janeiro font l'acquisition de négresses nourrices pour allaiter les enfans trouvés. Ailleurs, d'après M. Avé-Lallemant, ce sont des médecins spéculateurs qui s'adressent au public par la voie des journaux et se portent acquéreurs de nègres malingres ou épuisés qu'ils tâchent de remettre sur pied pour les revendre ensuite à un bon prix; enfin on a vu des noirs posséder d'autres noirs, auxquels ils transmettaient leur propre besogne sans pouvoir se libérer eux-mêmes, tant la condition d'esclave semble normale dans ce malheureux pays. C'est même en partie à la simplicité plus ou moins naïve avec laquelle les propriétaires d'esclaves envisagent le sort de leur bétail humain que celui-ci doit la douceur relative de son existence. Les maîtres peuvent être bons princes, puisque d'importuns abolitionistes ne viennent pas menacer leur propriété sacrée. Ils ne se croient pas obligés, comme leurs confrères d'Amérique, d'inventer pour le nègre un nouveau péché originel, ni d'ériger en système la distinction absolue des races, ni de poser une infranchissable barrière entre la descendance des esclaves et celle des hommes libres. Ils n'éprouvent aucunement le besoin de s'acharner à la découverte d'une philosophie qui leur permette d'aggraver la servitude. D'ailleurs le plus ou moins d'âpreté déployé dans l'exploitation des esclaves est toujours en raison directe de la valeur monétaire des bras; or jusqu'à ces dernières années le travail des nègres brésiliens, alimenté sans cesse par la traite, représentait un capital beaucoup moins fort que celui des nègres américains (1).

Pour excuser l'esclavage imposé par les planteurs du Brésil, des gens de bonne foi ont souvent prétendu qu'il avait seulement le nom de commun avec l'esclavage américain, et réalisait en entier l'idéal tant prôné de la vie patriarcale. Une comparaison rapide établie entre les deux pays où règne la servitude involontaire semble en effet donner au premier abord quelque valeur à cette affirmation. Les esclaves des plantations brésiliennes, formant environ les cinq sixièmes de la population asservie (2), jouissent le dimanche d'une liberté relative, comme les nègres américains; mais ils ont de plus que ceux-ci de nombreux jours de fête distribués pendant tout le cours de l'année. De quinzaine en quinzaine, la plupart des planteurs leur accordent en outre la journée du samedi pour qu'ils puissent cultiver leurs propres enclos, honorés du titre de *fazendas*, et ajouter ainsi quelques fruits et quelques racines à la provision réglementaire de viande sèche (*carne secca*) fournie par l'économe. Dans les grandes villes de commerce, les maîtres, trop insoucians pour faire travailler eux-mêmes leurs esclaves, vont jusqu'à les laisser complétement libres de gagner leur vie à leur guise, à la condition qu'ils rapportent chaque jour une certaine somme fixée d'avance. Les nègres, laissés à leur propre initiative, s'organisent plus ou moins librement en bandes de travailleurs, se choisissent un

(1) Un vigoureux *nègre de champ* représente actuellement au Brésil un capital de 5,000 francs environ.

(2) En admettant le chiffre minimum de 2,500,000 esclaves, on peut diviser cette population d'une manière approximative en 2 millions de *nègres de champ*, 200,000 ouvriers de toute espèce, 200,000 hommes de peine loués à des tiers, et 100,000 domestiques.

chef, et vont offrir leurs services, comme portefaix ou arrimeurs, aux négocians ou aux capitaines de navire. Pendant la journée, ces esclaves, que ne surveille pas l'œil du maître, peuvent s'imaginer pendant quelques heures qu'ils possèdent leur liberté. Précédés d'une espèce de musicien qui les excite en secouant des chevrotines contenues dans une calebasse, ils s'encouragent mutuellement par un chant rhythmé ou par des cris poussés en cadence. Beaux, vigoureux, semblables à des statues détachées de leurs piédestaux, ils traversent les rues sans fléchir sous le poids de leurs énormes charges, et mettent souvent dans l'accomplissement de leur travail un véritable enthousiasme de combattans (1). Des milliers de nègres, appartenant pour la plupart aux diverses tribus des Minas, ou noirs de la Côte d'Or, qui se distinguent entre tous par leur beauté physique, leur intelligence et leur indomptable amour de la liberté, peuvent ainsi réaliser chaque jour un certain bénéfice qu'ils accumulent soigneusement et contemplent avec avarice comme le gage de leur future émancipation. En effet, la loi brésilienne, moins terrible que les codes noirs des états confédérés, n'enferme pas l'esclave dans un infranchissable cercle de servitude : elle ne l'empêche pas de se racheter par son travail et de secouer la poussière de ses habits pour s'asseoir à côté des hommes libres. Bien plus, elle lui donne aussi la permission tacite de s'instruire, s'il en trouve le temps et le courage; elle l'autorise à fortifier son intelligence en vue d'une libération possible, et ne condamne pas à la prison le blanc charitable qui lui enseigne l'art diabolique de la lecture. Le hasard de sa naissance peut également sauver l'esclave et lui rendre son indépendance, car il est d'usage au Brésil d'émanciper les mulâtres, et la loi ne s'est pas encore interposée entre le père et le fils pour interdire au premier de reconnaître son propre sang. On évalue à un septième seulement de la population brésilienne de couleur le nombre des mulâtres condamnés à l'esclavage (2), tandis que dans toute l'étendue de la république anglo-saxonne, en y comprenant même les états libres, on compte près de deux hommes de couleur encore esclaves contre un seul affranchi.

On peut dire aussi, à l'avantage de l'empire sud-américain, que le gouffre creusé entre le blanc et le noir émancipé y est beaucoup moins large qu'aux États-Unis. Il ne saurait en être autrement dans un pays où le nombre des blancs purs de tout mélange s'élève à un

(1) Quelques sénateurs, fatigués de cette mélopée qu'on ne cesse d'entendre dans les rues de Rio-Janeiro, firent promulguer un décret interdisant aux nègres de chanter pendant leur travail. Ce fut comme un changement à vue. Faibles, épuisés, malingres, les esclaves se traînaient paresseusement en portant leurs fardeaux : il fallut leur rendre au plus tôt le droit de rhythmer leur tâche par des cris poussés à temps égaux.

(2) 300,000 mulâtres esclaves, 2 millions d'hommes de couleur libres.

million à peine en y comprenant les étrangers, et forme ainsi tout au plus le huitième de la population. C'est en vain qu'on applique diverses mesures pour rappeler aux nègres affranchis leur ancienne servitude et les rejeter du sein de la société brésilienne : protégés par les mœurs, ils se croisent librement avec les castes supérieures, la population mêlée s'accroît sans cesse dans une proportion considérable, et malgré la fierté de ceux qui sont restés purs de tout mélange on peut prévoir le jour prochain où le sang des anciens esclaves coulera dans les veines de tout Brésilien. Cet envahissement graduel a déjà fait ployer bien des barrières. Les fils de noirs émancipés deviennent citoyens; ils entrent dans l'armée de terre et de mer, le plus souvent, il est vrai, à la suite d'un recrutement forcé, et peuvent, au même titre que leurs compagnons d'armes de race caucasique, parler de la cause de la patrie et de l'honneur du drapeau. Quelques-uns montent de grade en grade et commandent à des blancs restés leurs inférieurs; d'autres s'adonnent aux professions libérales, et deviennent avocats, médecins, professeurs, artistes. Il est vrai que la loi n'accorde pas aux nègres le droit d'entrer dans la classe des électeurs ni dans celle des éligibles; mais les employés dont la peau est plus ou moins ombrée ne font aucune difficulté de reconnaître comme blancs tous ceux qui veulent bien se dire tels, et ils leur délivrent les papiers nécessaires pour établir légalement et d'une manière incontestable la pureté de leur origine. C'est ainsi que les fils des anciens esclaves peuvent entrer dans la carrière administrative, et même siéger dans le congrès à côté des nobles planteurs. Au Brésil, ce n'est pas la couleur qui fait la honte, c'est la servitude.

Tous ces faits sont de la plus haute importance pour l'avenir du pays, mais ils ne peuvent aucunement servir d'excuse à l'esclavage brésilien, qui, par sa nature même, est identique à « l'institution divine » des Anglo-Américains. Que le maître soit un patriarche ou bien un tyran, il n'en est pas moins le possesseur d'autres hommes dont il use à son gré, et envers lesquels sa justice elle-même n'est que de l'arbitraire. S'il le juge convenable, il peut battre et torturer; il peut imposer les chaînes, les menottes, le collier de force, ou tout autre instrument de supplice. Telle maîtresse vaporeuse qui, par vanité, vient de couvrir ses négresses de ses propres bijoux afin de donner aux étrangers une haute idée de sa richesse, peut un instant après faire fustiger ces mêmes femmes, ornées encore de leurs colliers d'or ou de perles. Tel propriétaire appauvri qui a toujours usé de la plus grande douceur envers ses esclaves en vend une partie pour dégager ses propriétés obérées : il sépare l'ami de l'ami, peut-être le fils du père, et le laisse emmener par quelque avide étranger sur une plantation lointaine. Et de pareils drames entraînent après eux une démoralisation d'autant plus grande que la familiarité semblait plus intime entre le maître et l'esclave. Les joyeux éclats de rire des nègres et des négresses retentissent souvent dans les carrefours de Bahia et de Rio-Janeiro; mais si l'on passe devant les maisons de correction, où des fouetteurs aux gages de l'état fustigent l'esclave à la simple requête du propriétaire, on entend des hurlemens de douleur faire écho à la bruyante hilarité des rues.

Ce fut l'Angleterre qui donna au Brésil le premier avertissement sérieux sur la question de l'esclavage en concluant avec cet empire la convention de 1826 pour l'abolition de la traite des nègres. La convention ne fut pas observée, et la traite continua sans interruption en dépit des croisières anglaises; avec l'aide de leurs complices les armateurs américains, les planteurs du Brésil achetaient de légers navires, admirablement taillés pour la marche, qui, sous le prétexte d'un commerce légitime, se rendaient sur la côte de Guinée, se cachaient dans les baies et les marigots pour prendre leur chargement de *bois d'ébène*, et, quand le moment favorable était venu, s'échappaient pour franchir en quelques jours cette étroite partie de l'Atlantique qui sépare l'Afrique du Brésil. Protégés par la complicité des autorités locales, les négriers n'avaient plus qu'à déposer leur cargaison dans quelque hâvre de la côte du Brésil équatorial. Les croiseurs anglais, exaspérés par cette insigne violation du traité, pourchassaient les négriers dans les eaux brésiliennes, forçaient l'entrée des ports, allaient même jusqu'à faire usage de leurs canons pour réduire au silence les forteresses de la côte (1). En 1845, l'Angleterre revendiqua formellement par le bill Aberdeen le droit de saisir les embarcations suspectes dans les eaux du Brésil; mais en dépit de cette mesure énergique, qui constituait presque un état d'hostilité entre les deux pays, le trafic de chair humaine ne cessa de prendre chaque année des proportions plus considérables. La certitude de recevoir sur les marchés brésiliens la somme de 400 francs pour chaque tête de nègre achetée 100 francs sur la côte de Guinée excitait les appétits immondes de nombreux négriers, et l'on importait tous les ans 50, 60 et même 80,000 esclaves (2). Enfin le gouvernement brésilien comprit son devoir, et vers la fin de 1850 il fit passer une loi qui assimile l'importation des nègres à la piraterie. Les autorités provinciales bravèrent longtemps cette me-

(1) On voit encore les boulets anglais sur les murailles du port de Nossa Senhora dos Prazeres, à l'entrée du port de Paranagua.

(2) Un document émané du *foreign office* fixe à 325,015 le nombre des Africains transportés au Brésil au su des croiseurs anglais pendant la décade de 1842 à 1851. Et combien de négriers ont échappé inaperçus! Il est probable que les plantations brésiliennes ont reçu depuis 1826, en violation des traités, plus de 1,500,000 nègres. En 1857, le baron de Maua avoua devant ses collègues du congrès que le Brésil avait importé jusqu'en 1851 environ 54,000 Africains par an. Aucune protestation ne se fit entendre.

sure, qui portait un rude coup à l'aristocratie féodale. Une clause de la convention faite avec l'Angleterre disait que les esclaves arrachés aux négriers ne jouiraient de leur liberté qu'après avoir fait un apprentissage de sept années sous la tutelle d'agens du gouvernement brésilien. Ces agens étaient eux-mêmes des planteurs qui recevaient dans leurs propriétés les nègres nouvellement débarqués, les faisaient travailler comme esclaves, et pour s'éviter l'embarras de les rendre à la liberté avaient soin de leur faire changer de noms avec les travailleurs vieux ou malades. Toutes les fois qu'un de ces derniers expirait, on portait à sa place un des nouveau-venus sur la liste des morts, et de cette manière on se mettait en règle avec l'administration, qui fermait débonnairement les yeux sur toutes ces peccadilles. Cependant il paraît que la loi est aujourd'hui beaucoup plus fidèlement observée, et que la traite des nègres entre l'Afrique et le Brésil a complétement cessé. Le fameux négrier Gordon, dont la mort a si vivement préoccupé les esprits en Amérique, était un de ceux qui avaient réussi pendant les dernières années à faire les plus brillantes opérations sur les côtes brésiliennes.

La cessation de la traite est regardée presque universellement au Brésil comme une grande calamité nationale, et les propriétaires du sol poussent à ce sujet de violentes clameurs. Ils se plaignent de manquer de bras pour la culture de leurs terres, et c'est à cette pénurie de travailleurs qu'ils attribuent l'énorme écart qui se manifeste presque chaque année au détriment de l'empire entre les importations et les exportations (1). Obligés de laisser en friche d'immenses étendues de terrain qui pourraient leur rapporter des tonnes de sucre et de café, ils prétendent que leur ruine est imminente, que les progrès du Brésil sont enrayés, que la civilisation elle-même est menacée dans son essor. Les possesseurs de mines d'or ou de diamans se plaignent également de ne pouvoir exploiter comme autrefois les immenses richesses qui dorment dans les veines de leurs montagnes et les alluvions de leurs fleuves (2). Il semble positif en effet que le nombre des nègres esclaves diminue au Brésil. D'ailleurs on ne comprendrait pas qu'il en fût autrement. Les négriers, désireux de gagner 300 francs par tête de nègre importé, ne gaspillaient pas la place si précieuse de leurs fonds de cale en y entassant des femmes ou des enfans qui seraient morts pendant la traversée; ils ne transportaient que des hommes dans la force de l'âge, des travailleurs

(1) C'est ainsi qu'en 1858 la valeur des importations de l'empire du Brésil s'est élevée à 338,539,778 francs, tandis que l'exportation totale ne représentait qu'une somme de 250,119,185 francs.

(2) Les mines d'or de la province de Goyaz étaient exploitées autrefois par 100,600 esclaves. En 1855, le nombre des noirs avait été réduit, par les maladies, les traitemens barbares et l'insalubrité de leur travail, à 10,000 environ.

robustes, qui pouvaient se mettre à l'ouvrage dès le jour de leur débarquement. Ainsi ces mêmes noirs à qui on avait déjà ravi la liberté et la patrie étaient, par un surcroît de barbarie insouciante, condamnés au célibat à cause du manque de femmes et périssaient lentement sans se reproduire : la population mâle des plantations se recrutait non par des naissances, mais par de continuelles importations d'Afrique. Actuellement le surplus des noirs inutiles à la reproduction est enlevé graduellement par la mort; mais l'équilibre n'est pas encore rétabli entre les sexes, et les esclaves femelles, dont un bon nombre, il faut le dire, est déjà accaparé par leurs maîtres, ne suffisent pas aux esclaves noirs. En outre la différence des travaux imposés aux nègres amène souvent la séparation des sexes et contribue pour sa part à la diminution de la race. La culture de la canne à sucre et la garde des bestiaux exigent surtout le travail de l'homme; en revanche, l'on emploie dans les caféteries le travail moins coûteux de la femme, et sans comprendre ce qu'offre d'insensé, au point de vue de leur propre intérêt, cette séparation des sexes, les planteurs préfèrent accuser la destinée et cette loi fatale qui a supprimé la traite. Pour comble de malheurs, le choléra, qui n'avait jamais visité le Brésil, a franchi l'équateur en 1855. Depuis lors, cette maladie, qui s'attaque principalement aux noirs, tandis que la fièvre jaune choisit ses victimes parmi les blancs, n'a cessé d'exercer de terribles ravages sur les plantations, et pendant les deux premières années elle a fait périr près de 110,000 nègres. D'ailleurs les mesures hygiéniques les plus simples sont presque toujours négligées par les propriétaires d'esclaves, et la mortalité des négrillons est extrêmement considérable, surtout dans les plantations de l'intérieur. On dit qu'autrefois, lorsque les jésuites du Brésil faisaient cultiver leurs terres par des noirs, la mortalité était moindre de moitié sur leurs négrillons que sur ceux de leurs voisins laïques. Aujourd'hui ceux-ci ont amélioré l'état sanitaire de leurs camps; mais sous ce rapport ils ont encore certainement beaucoup à apprendre de leurs confrères de la Virginie et du Maryland, qui ont amené l'élève des esclaves à la hauteur d'une véritable science.

L'aggravation de l'esclavage est la conséquence naturelle de l'abolition de la traite et de la pénurie des travailleurs. Au lieu de rehausser l'éclat de son faste par une foule de nègres inutiles paradant autour de sa demeure, le planteur économe condamne maintenant aux durs travaux des champs tous ceux qui ne sont pas strictement nécessaires au service de sa personne; il apprend à ne plus gaspiller son précieux capital vivant, et réfléchit longuement avant de rogner l'héritage de ses fils en émancipant un serviteur favori. De son côté, le nègre, qui gagne péniblement quelques *reis* en travaillant pour son propre compte dans les rares instans de répit qu'on lui accorde, voit ses chances de libération diminuer à mesure que sa valeur monétaire augmente. Ses faibles épargnes ne suivent pas le mouvement ascensionnel de son prix marchand, et malgré ses efforts il voit la liberté s'enfuir devant lui. Ainsi l'institution servile du Brésil suit parfaitement l'exemple fourni par la république américaine. Dans les deux pays, l'esclavage est devenu plus dur à chaque nouvelle concession qui lui est arrachée, et la suppression de la traite, ce grand triomphe de l'Angleterre abolitioniste sur l'Amérique esclavagiste, n'a servi qu'à rendre plus douloureux le sort des noirs. Cependant certains optimistes ont encore la naïveté de croire que la servitude involontaire finira par s'éteindre d'elle-même au Brésil. Le mal ne meurt pas ainsi : sa nature est d'empirer sans cesse, de gagner de proche en proche, de corrompre tout ce qui l'entoure, et de disparaître seulement à la suite d'une crise violente où toutes les forces vitales se réunissent pour l'expulser.

En même temps que le poids de l'esclavage devient plus lourd, la puissance de la féodalité territoriale s'accroît. Le grand planteur dont les vastes propriétés couvrent tout l'espace visible dans un même horizon, qui voit ses bestiaux paître par milliers dans ses *campos*, ses esclaves travailler par centaines dans ses plantations de cannes ou de cafiers, est entouré d'un cortége d'hommes de toute couleur qui vivent de sa munificence et prouvent leur gratitude par de complaisans bulletins jetés dans l'urne électorale. Au milieu de tous ses satellites, le propriétaire féodal, qui du reste a le plus souvent titre de comte ou de baron et possède toute l'autorité politique et judiciaire, est en réalité roi dans son domaine; il a ses vassaux et ne reconnaît pour suzerains que l'empereur et le congrès de Rio-Janeiro, composé pour la plus grande part de planteurs comme lui. La non-existence du majorat et la constitution si libérale du Brésil ne peuvent rien contre cette féodalité territoriale que la nature même des choses a fait naître, et qui devient chaque jour plus puissante, car, dans tous les pays où il existe, l'esclavage est le fait primordial et crée une société qui lui ressemble. C'est ainsi qu'aux États-Unis, des institutions bien plus démocratiques encore que celles de l'empire brésilien n'ont pas empêché la formation d'une oligarchie de planteurs qui a fini par mener la république aux abîmes.

Par une conséquence naturelle qui prouve l'étroite solidarité du mal, les deux aristocraties américaine et brésilienne en sont arrivées à chercher la source de leurs richesses et de leur pouvoir dans la production de deux ou trois denrées agricoles obtenues par le travail de leurs esclaves à l'exclusion de tous les autres produits. Naguère encore les planteurs des états à esclaves de l'Amérique du Nord étaient les grands producteurs de coton, et gouvernaient despotiquement les marchés où venaient s'approvisionner toutes les filatures du monde civilisé. Dans la Louisiane, un millier de propriétaires s'occupaient exclusivement de la culture de la canne à sucre. Un nombre beaucoup plus grand, établis dans les états frontières, s'adonnaient à la plantation du tabac; mais à l'exception des Caroliniens des côtes, dont les terrains, périodiquement inondés, forment d'admirables rizières, les riches planteurs daignaient rarement tourner leur attention vers la production des *vivres;* ils abandonnaient aux *petits blancs* cette agriculture vulgaire, et n'employaient leurs bataillons de nègres qu'à la grande culture des plantes industrielles. De même au Brésil, les propriétaires se gardent bien d'imposer à leurs esclaves des travaux agricoles qui demandent la présence d'esprit, la mobilité d'intelligence réservées seulement aux hommes libres. Ils savent, au moins par instinct, que la culture du blé, du maïs, des racines et des plantes si nombreuses qui constituent l'ensemble de la flore agricole, exige le concours de volontés diverses, habiles à prévoir et promptes à se décider; or que pourraient-ils attendre de leurs esclaves, corps sans âmes, auxquels la servitude enlève toute initiative, qui se meuvent tout d'une pièce comme de lourdes machines? Les planteurs sont donc obligés d'employer exclusivement leurs nègres à la production de quelques rares denrées, et ne peuvent s'enrichir qu'à la condition d'imposer, une routine invariable. Autrefois c'était la recherche de l'or et des diamans qui occupait la majorité des esclaves; puis les planteurs se sont tournés vers les cultures industrielles. Pernambuco, Maranhaõ, Bahia, s'adonnent à la production du coton et du sucre; le plateau de Saõ-Paulo monopolise la culture du thé; enfin, dans le district de Rio-Janeiro et les provinces limitrophes, la faveur des propriétaires s'est portée sur le café. Depuis quarante ans environ, la production de cette dernière denrée s'est accrue avec une rapidité merveilleuse. L'empire brésilien en fournit aujourd'hui au commerce une aussi grande quantité que tout le reste du monde (1), et, par une coïncidence singulière, c'est précisément aux États-Unis, cet autre pays d'esclavage, qu'il vend presque toute sa récolte.

Cet accroissement de la production du café au Brésil semblerait vraiment inoui, si les états à esclaves de l'Amérique ne nous fournissaient l'exemple d'une culture qui s'est développée bien plus rapidement encore jusqu'au moment fatal qui l'a tout à coup interrompue. C'est à l'esclavage que les planteurs des deux pays ont dû de pouvoir activer d'une manière si étonnante la production de leur

(1) En 1836, le Brésil exportait 50 millions de kilogrammes de café; en 1846, le chiffre de l'exportation était monté à 106 millions de kilog., et la production totale du pays s'élevait probablement à 120 millions. En 1859, on évaluait cette production à 173 millions contre 175 millions de kilogrammes produits par tous les autres pays de la terre.

denrée principale, mais c'est aussi l'esclavage qui a soudain mis un terme à la culture du cotonnier dans les états confédérés et qui peut de même arrêter celle du cafier dans le Brésil. Il est temps d'y songer : les planteurs de l'empire sud-américain doivent comprendre que la concentration de tous les capitaux, de toutes les forces nationales, dans une production qui dépend exclusivement du travail servile, met en péril la propriété publique tout entière. Actuellement le Brésil n'a qu'une agriculture incomplète, puisqu'il s'adonne surtout aux productions de luxe, et ce pays si riche et si admirablement fertile est obligé d'acheter aux États-Unis, en Angleterre, dans l'Uruguay, une grande partie des denrées qui servent à l'alimentation de ses habitans : sur un grand nombre de plantations, les nègres doivent se passer de manioc, de riz, de haricots, et récemment encore on a vu dans les provinces exclusivement cultivées par le travail esclave, Bahia, Pernambuco, Maranhaõ, des populations entières se traîner sur les chemins en mendiant quelque nourriture (1). Que la sécheresse, la guerre, des dissensions intérieures, une révolution servile, viennent forcer le pays à compter sur lui seul, et, le monopole du café disparaissant, le Brésil n'a plus pour unique moyen de salut national qu'une exploitation rudimentaire du sol. Et combien d'années ne faudrait-il pas au travail libre avant qu'il pût rendre leur antique fertilité aux plantations appauvries par cette culture brutale que les Brésiliens décorent du nom de *lavoura grande!* car « l'institution patriarcale » utilise la terre et l'homme avec la même barbarie, et ne leur rend jamais rien en échange de leurs services; elle brûle le sol où elle passe.

Fatal pour l'agriculture vraiment digne de ce nom, l'esclavage des nègres brésiliens ne l'a pas été moins pour les diverses branches du travail national. Aujourd'hui le commerce extérieur de l'empire est entièrement monopolisé par des étrangers : malgré l'énorme développement des côtes du Brésil et l'excellence de leurs ports, les descendans des Portugais n'ont pas hérité du génie entreprenant de leurs ancêtres, et se bornent à longer leurs rivages sans jamais s'aventurer à travers l'Océan. Quant à leur industrie, elle est presque nulle. Une statistique officielle constate qu'en 1859 11,698 Brésiliens et 8,339 étrangers payaient patente pour avoir le droit d'exercer un commerce, une industrie ou un métier; mais si l'on défalque du nombre des nationaux 1,309 notaires, 626 avocats et 8,371 aubergistes, on voit que l'industrie brésilienne proprement dite compte, dans l'empire même, cinq fois moins de représentans que l'industrie étrangère. Encore faut-il ajouter qu'une forte proportion des paten-

---

(1) La valeur annuelle des substances alimentaires importées au Brésil s'élève au quart de son exportation. Le reste de l'importation consiste presque uniquement en objets manufacturés et en articles de luxe.

tés nationaux utilisent le travail esclave. Ces chiffres prouvent jusqu'à l'évidence que la population du Brésil se compose uniquement de planteurs, de noirs asservis et d'une classe intermédiaire de paresseux qui ne savent pas acquérir une vraie liberté par le travail.

Telles sont les conséquences économiques qui découlent naturellement de l'esclavage; mais quelles en sont les conséquences sociales? Nous savons qu'autrefois les planteurs craignaient à bon droit une guerre servile, et que cette crainte même leur a donné une organisation politique plus compacte. Ils redoutaient surtout les nègres Minas, cette race fière que l'esclavage avilit difficilement, qui garde avec un soin jaloux les habitudes, les mœurs, la religion et jusqu'à l'idiome du pays natal. Reliés les uns aux autres par une espèce de franc-maçonnerie qui rappelle le culte du Vaudoux chez les Haïtiens, les Minas étaient les principaux organisateurs des révoltes qui ont éclaté jadis sur divers points du Brésil. Pendant le xviiᵉ siècle, ils avaient même réussi à fonder, dans la province de Pernambuco, la puissante république de Palmarès, qui résista trente années aux attaques des blancs, et ne succomba que devant une armée de dix mille hommes; mais depuis l'abolition de la traite les farouches Minas ne peuvent plus faire de recrues parmi leurs frères débarqués. En outre un grand nombre d'entre eux conquièrent la liberté à force d'intelligence et de travail, et prennent place à côté des hommes de couleur depuis longtemps affranchis. La guerre servile proprement dite devient donc chaque jour moins probable; on pourrait à plus juste titre redouter, principalement dans la province de Bahia, une lutte entre les blancs et les hommes de couleur libres.

Quoi qu'il en soit, l'influence morale de l'esclavage au Brésil est la même que dans tous les autres pays où la servitude des noirs est la pierre angulaire de la société. Sans me permettre de juger ici la nation brésilienne d'après les récits contradictoires des voyageurs, je puis dire que l'esclavage a certainement déshonoré le travail libre et transformé en titre de noblesse cette oisiveté qu'en d'autres pays on appelle « la mère de tous les vices. » La connaissance de la nature humaine ne suffit-elle pas aussi pour faire croire à cette âpreté d'ambition, à ce désir immodéré, à cet amour des titres et du faste insolent qu'on reproche généralement aux Brésiliens enrichis par le travail de leurs noirs? De même l'ignorance générale au Brésil n'a-t-elle pas une explication naturelle dans ce mépris que la classe dominante professe pour le travail des esclaves (1)? L'état d'infériorité dans lequel on tient la femme ne provient-il pas des habitudes de despote contractées par le mari? La colère, la ven-

(1) En 1857, le nombre des élèves qui recevaient une instruction quelconque dans les écoles et les lycées de toute sorte s'élevait à 88,707 : c'est la proportion d'un élève seulement par 90 habitans.

geance et toutes les passions [*] ne doivent-elles pas se donner plus facilement libre cours dans un pays où le mépris et la haine sont les sentimens qui s'échangent naturellement entre le blanc et le nègre? Enfin pourrait-on s'étonner si la débauche déprave cette société, dans laquelle la femme asservie n'a pas le droit de se défendre, où le maître a licence pour tout oser (1)? Dans une page éloquente de sa correspondance, Victor Jacquemont flétrit en paroles âprement indignées les mœurs brésiliennes telles que l'esclavage les a faites. « A mon avis, dit le grand voyageur, Saint-Domingue est plus près que le Brésil de la civilisation. » Ces paroles vraies autrefois ne le sont-elles plus aujourd'hui? Vingt années, pendant lesquelles le crime social de l'esclavage s'est aggravé, auraient-elles élevé le niveau moral des Brésiliens?

III.

Depuis longtemps déjà, les hommes d'état de l'empire brésilien reconnaissent l'immense intérêt qu'aurait l'introduction du travail libre, et il ne se passe guère de session du congrès sans que le discours de l'empereur ou les rapports des ministres ne contiennent quelques paroles au sujet de cette question vitale; mais, il faut le dire, ce sont les embarras et non pas les horreurs de l'esclavage qui semblent préoccuper surtout les législateurs du Brésil, et l'on n'entend jamais d'éloquentes imprécations retentir dans leurs assemblées souveraines au sujet du crime national commis contre les noirs. Tout en profitant de la servitude de ces êtres avilis, les planteurs brésiliens voudraient aussi faire jouir leur pays de cette industrie active et intelligente que la liberté donne dans l'Amérique septentrionale aux émigrans d'Europe. Comparant avec envie la prospérité si étonnante de la république américaine à l'hésitation que montre leur patrie dans la voie du progrès, ils espèrent que, pour imprimer au Brésil tout l'élan de la jeune nation anglo-saxonne, il suffirait de détourner vers leurs plantations une partie de ce courant d'émigration qui va féconder les terres libres du nord; mais ils ne s'occupent pas de déblayer le terrain et de le préparer à la réception des étrangers, soit par l'émancipation immédiate des esclaves, soit par l'atténuation graduelle de la servitude. Ignorant qu'une population d'émigrans ne peut prospérer qu'à la condition de cultiver un sol affranchi, ils caressent le rêve insensé de pouvoir faire travailler paisiblement à côté les uns des autres des paysans d'Europe et des esclaves d'Afrique : ils comptent les attacher à la même glèbe.

(1) Dans la province de Minas-Geraës, la plus importante de l'empire, les enfans illégitimes forment le tiers de la population totale.

Pour attirer au Brésil un nombre considérable de cultivateurs laborieux, le plus simple eût été d'imiter le procédé qui a déjà réussi d'une manière si admirable dans la république américaine. Il suffisait de cadastrer les terres, de les partager en domaines d'une contenance rigoureusement spécifiée, d'en fixer la valeur à un prix modique, de fournir à l'acheteur toutes les garanties désirables, et d'attendre patiemment que les populations faméliques de l'Europe occidentale vinssent profiter de ces champs et de cette indépendance qu'on leur offrait dans les solitudes de l'ouest. Le gouvernement brésilien semble pencher vers ce système et l'a même appliqué sur une petite échelle dans les provinces méridionales de l'empire; mais dans toutes les autres parties du Brésil les propriétaires d'esclaves, qui tiennent seulement à disposer d'un plus grand nombre de bras pour la mise en culture de leurs propres domaines, ne veulent à aucun prix se créer des concurrens dans la personne des émigrans libres : pour recruter leurs travailleurs, ils ont donc en général employé des moyens bien différens de ceux que leur fournissait l'exemple si concluant du gouvernement américain. Les uns ont donné la préférence au système du salaire, qui maintient l'émigrant dans une dépendance pure et simple; les autres ont choisi le système plus compliqué de la *parceria,* qui ressemble au métayage, mais qui, dans la pratique, aboutit à de tout autres résultats.

Il est vrai que la condition sociale des métayers et celle des simples mercenaires à gages n'ont en elles-mêmes rien de bien séduisant pour les cultivateurs d'Europe, dont l'idéal par excellence est dans la propriété. La simple annonce des avantages offerts par les planteurs brésiliens n'eût donc pas suffi pour allécher un nombre considérable d'émigrans, si les agens recruteurs envoyés en Allemagne, en Suisse, en Belgique, n'avaient eu soin de vanter les merveilles du Brésil dans les termes les plus enthousiastes. Leurs circulaires, leurs brochures, répandus à profusion, faisaient briller aux yeux des cultivateurs accablés par le besoin la perspective d'une terre généreuse où le bananier, l'oranger, le citronnier, fleurissent presque sans culture, où la misère est à peu près inconnue, où l'aisance vient récompenser les efforts de tous ceux qui consentent à faire œuvre de leurs mains. Pour entrer dans cette terre de promission, l'émigrant n'avait pas même besoin de payer les frais du voyage : le planteur les lui avançait généreusement; il le transportait de Hambourg à Rio-Janeiro, de Rio-Janeiro à la colonie; il le nourrissait pendant la traversée et pendant les premiers mois ou même la première année de son séjour au Brésil. Est-il étonnant que des milliers de pauvres cultivateurs aient prêté l'oreille à ces offres séduisantes? Mais quand ils arrivaient avec leurs familles au lieu de leur destination après avoir coûté à leur patron une somme considérable, ils comprenaient enfin combien il est dur de ne pas débarquer en qualité d'hommes libres sur un sol étranger. Accueillis par un maître soupçonneux qui voyait en eux un capital exposé aux diverses chances de la mort, de la maladie ou de la désertion, écrasés de dettes avant d'avoir coupé une branche ou retourné une motte de terre, ils se mettaient à l'ouvrage avec la conscience de ne pas travailler pour eux-mêmes. Dès le premier jour, ils devaient abandonner une forte partie de leur salaire, ou bien, s'ils étaient métayers, aggraver leur dette par de nouveaux emprunts. Ils ne recevaient de nourriture que sous la condition d'en payer l'intérêt au taux de 6 pour 100 par an; si quelque difficulté s'élevait entre eux et le propriétaire, elle était résolue sans appel par le verdict d'un tribunal entièrement composé d'amis ou de créatures du planteur. Pressés par la nécessité, les pauvres émigrans n'avaient pas même le temps de se préparer à un climat où tout leur était hostile : le soleil brûlant, l'ombrage de la forêt, la fraîcheur des nuits, les miasmes fiévreux du sol, l'humidité des marécages. Bientôt les fièvres d'acclimatation venaient les assaillir, et si la souffrance, jointe à la nostalgie et à la nouveauté de leur situation, diminuait leur courage, ils risquaient fort de périr misérablement. Ceux qui ne succombaient pas se relevaient plus endettés qu'auparavant, et parfois ils devaient tristement comparer leur sort à celui des nègres, leurs compagnons de servitude. Ceux qui mouraient laissaient après eux des fils qui, en vertu du contrat de la *parceria*, étaient solidaires des dettes paternelles et devaient travailler pendant de longues années pour rembourser les avances du planteur. Bien faible est la proportion des colons qui ont pu, à force d'énergie, de constance et d'habileté, se libérer autrement que par la fuite.

La première tentative de colonisation au moyen de travailleurs libres importés aux frais des propriétaires eut lieu en 1819, deux ans avant que le Brésil ne se détachât du Portugal. Près de dix-sept cents paysans suisses du canton de Fribourg s'établirent dans la vallée du Parahyba-do-Sul, au nord de Rio-Janeiro, et fondèrent une colonie qu'ils appelèrent Novo-Friburgo, en souvenir de leur patrie. Le choix de la localité était heureux, puisque Novo-Friburgo est situé à l'extrême limite méridionale de la zone torride, à une assez grande élévation au-dessus du niveau de la mer et dans le voisinage d'une grande ville. Cependant, dix ans après l'arrivée des colons, leur effectif était diminué déjà de plus d'un tiers par la mort ou par la désertion, et maintenant Novo-Friburgo, comme les colonies voisines, est une ville complétement brésilienne, ne renfermant plus qu'un petit nombre de familles fribourgeoises. En 1845, une nouvelle tentative, faite sous les auspices mêmes du gouvernement brésilien, amena plusieurs milliers de Badois et de Bavarois du Palatinat à

Rio-Janeiro. On leur assigna près de la résidence impériale de Pétropolis des vallées boisées, mais peu fertiles, que dominent des pentes abruptes et qu'une chaîne de montagnes escarpées sépare de la baie. Les colons se mirent courageusement à l'ouvrage sur ces hauteurs, qui ont du moins le mérite de la salubrité; mais c'est probablement au voisinage du palais d'été de l'empereur qu'ils durent de ne pas être dispersés par la misère. On leur livra des terres à bas prix, on leur avança des sommes considérables avec facilité de remboursement, on remplit tous les engagemens qu'on avait pris envers eux; pour faciliter le transport de leurs denrées, on leur fit construire une belle route qui contourne élégamment les corniches des montagnes, et qu'on a longtemps désignée sous le nom de Simplon de l'Amérique. Sur les 3,016 colons qui habitaient Pétropolis en 1859, la plupart étaient encore de simples terrassiers, cependant on ne comptait pas un seul misérable, et tous les enfans, sans exception, fréquentaient les écoles. C'est là un état de choses rassurant; mais il ne faut pas oublier que ces Allemands forment à Pétropolis la colonie privilégiée par excellence, celle qui a profité le plus largement des munificences du budget.

En général, les étrangers jugent de la colonisation au Brésil par l'exemple de Pétropolis; mais, pour se rendre compte du système de recrutement adopté par les planteurs, il faut aller visiter l'une des cinquante ou soixante colonies fondées loin de la capitale. Le célèbre voyageur et naturaliste suisse Tschudi, envoyé par son gouvernement comme plénipotentiaire, afin d'étudier le sort de ses compatriotes émigrés au Brésil, ne nous fait que trop bien apprécier les douleurs des Européens engagés. Pendant un voyage de plusieurs mois entrepris à travers les plantations, il a pu, en dépit du mauvais vouloir des propriétaires d'esclaves, constater des faits navrans, et son rapport officiel du 9 octobre 1860, dans lequel il les a consignés avec une noble modération, est un monument historique désormais indiscutable. Plus tard, M. Avé-Lallemant, chargé à son tour d'une mission sinon officielle, du moins officieuse, a parcouru les colonies allemandes du Brésil, et nous a laissé de plusieurs d'entre elles des descriptions vraiment effrayantes. Les établissemens du Mucury, qui ont reçu le plus grand nombre de travailleurs, sont précisément ceux qu'il trouva dans l'état le plus déplorable. Il est douloureux de penser que la civilisation inaugure ainsi par d'horribles drames ses premiers pas dans la solitude.

Le Mucury est un fleuve de la province de Porto-Seguro qui se jette dans l'Atlantique vers le 18e degré de latitude. Il est connu par les géographes comme la principale artère de la région qu'habitent les Botocudos, ces Indiens à la peau d'un blanc sale, aux jambes grêles, au ventre énorme, aux yeux sans regard, aux lèvres garnies d'un disque de bois; d'interminables forêts dont les arbres gigantesques ont peu de rivaux, même au Brésil, font du bassin de ce fleuve une immense nappe de verdure, coupée seulement par les ramifications des eaux. En 1816, lorsque le prince de Wied pénétra dans la contrée du Mucury pour contempler la forêt vierge dans toute sa grandeur et prendre sur le fait les mœurs des aborigènes, on ne songeait pas encore qu'il fût possible d'utiliser la vallée de ce fleuve pour mettre en communication les plateaux de l'intérieur avec les bords de la mer. Dans les derniers temps seulement, de hardis Mineiros (1) résolurent d'ouvrir par le Mucury un nouveau débouché à leurs produits, et de maintenir cette voie au moyen d'une chaîne de colonies espacées de distance en distance sur une longueur de 340 kilomètres. Une compagnie se forma, et réunit, au moyen d'actions, un capital de 3,120,000 francs. Des agens recruteurs partirent pour l'Europe, puis des Allemands, des Hollandais, des Suisses, des Alsaciens, furent débarqués sur les plages humides du Mucury, au pied des énormes fromagers, et, la hache à la main, commencèrent leur œuvre pénible de défrichement.

M. Avé-Lallemant débarquait à son tour, le 27 janvier 1859, à l'embouchure du Mucury, près du village qui porte, comme par ironie, le nom de Porto-Alegre (port joyeux). Dès le premier pas, un spectacle de désolation se présentait à ses regards. Deux familles d'Alsaciens, composées d'hommes, de femmes et d'enfans de tout âge, étaient campées sur le sable, à quelques pas de l'embarcadère. N'ayant pas voulu accepter les dures conditions imposées par le directeur de la colonie, le groupe désolé était revenu instinctivement sur le bord de la mer. On eût dit que, sans espoir désormais de trouver de la pitié parmi les hommes, les malheureux exilés attendaient vaguement quelque secours de cette mer farouche qui les séparait de la patrie si lointaine. Depuis soixante-douze heures, ils n'avaient pas quitté la plage, exposés le jour à cette chaleur intolérable qui transforme les sables en brasier, la nuit aux brouillards saturés de miasmes qui rampent sur l'estuaire marécageux du Mucury. Quelques-uns, appuyés sur le coude, regardaient les flots sans les voir; presque tous gisaient sans force sur le sol, accablés par la maladie. Une femme venait d'accoucher d'un enfant vivant qu'elle sentait périr entre ses bras; un vieillard se mourait de la fièvre typhoïde; une jeune fille de quinze ans respirait à peine et semblait un cadavre; un garçon plus jeune, en proie aux premières souffrances du typhus, poussait des cris déchirans; un enfant de quatre ans, encore épargné par la contagion, demandait en pleurant un morceau de pain que personne n'aurait pu lui donner, car les provisions

_____

(1) Habitans de la province de Minas-Geraës.

étaient épuisées de la veille. Non loin de la plage où gisaient ces malheureux s'élevait une maison vide qui aurait pu leur servir d'abri; mais l'économe de la colonie avait reçu l'ordre formel de ne pas leur accorder l'hospitalité, et il obéissait fidèlement à la consigne.

En remontant le cours du fleuve, M. Avé-Lallemant fut partout le témoin de semblables misères. La première colonie, celle de Pendurados, avait autrefois appartenu à un planteur qui avait été forcé de l'abandonner avec ses nègres à cause de l'insalubrité du climat. La compagnie du Mucury y avait expédié, à titre de métayers, des Alsaciens qui, presque aussitôt après leur arrivée, furent attaqués par la fièvre des forêts, non moins terrible que sa lugubre compagne, la fièvre des marécages. Lors de la visite de M. Avé-Lallemant, les onze colons, presque tous malades, avaient interrompu leurs travaux de défrichement et, pleins de désespoir, attendaient la mort. La colonie voisine, appelée Paredes et naguère assignée à des Suisses, était complétement déserte : les habitans étaient morts ou s'étaient enfuis, et la forêt commençait à reprendre possession de son domaine. Plus loin venait l'importante colonie de Santa-Clara, formée près d'une cascade où l'on devait opérer le transbordement des marchandises. Cette colonie possédait encore un nombre considérable d'émigrans, et sa grande cour offrait une certaine animation; mais la maladie y faisait aussi de terribles ravages, que les efforts d'un commis, institué médecin par ordre du directeur, ne pouvaient arrêter. L'établissement de Bellavista, que le docteur Avé-Lallemant eut ensuite à visiter, consistait en une seule maison renfermant soixante habitans, dont plus de la moitié étaient alités et présentaient un horrible aspect. Et partout se renouvelait le navrant spectacle de la misère, de la maladie et de la mort. Des cabanes qu'on voyait à droite et à gauche de la route sortaient toujours les mêmes plaintes, les mêmes gémissemens; parfois on entendait aussi les cris de la faim, car les provisions que la compagnie s'était engagée à fournir, déjà beaucoup trop faibles pour sustenter des travailleurs, étaient encore le plus souvent rognées par des employés infidèles qui s'enrichissaient de la misère des colons. Pour vivre, les émigrans étaient forcés de vendre leurs vêtemens et leurs meubles; ils allaient ramasser dans les bois du pourpier et d'autres plantes renfermant quelque vertu nutritive; mais cette maigre nourriture ne les empêchait pas toujours de tomber d'inanition. Une semaine avant le passage de M. Avé-Lallemant, trois engagés hollandais étaient morts de faim sur le bord de la route. Telles sont les tristes scènes qui valurent à cette colonie le nom de boucherie (*carnificina*) du Mucury, sous lequel la désignent encore les habitans de la province.

Il est inutile de dire que les modestes plantations des émigrans sont dans le plus triste état de délabrement, même aux environs de la capitale des colonies européennes du Mucury, qui porte le nom, si beau et si peu justifié, de Philadelphia. C'est là cependant que le directeur et les autres agens de la compagnie ont réuni les émigrans favorisés qui leur semblaient devoir le plus contribuer par leur santé physique, leur intelligence et leur zèle à la splendeur du chef-lieu. Partout les résultats du travail prétendu libre sont déplorables, et, pour comble d'humiliation, de grandes *fazendas*, récemment fondées dans la vallée du Mucury et cultivées exclusivement par des noirs esclaves, offrent l'aspect d'une véritable prospérité. Cela se comprend : les parens et les amis du directeur de la colonie, qui se sont distribué ces *fazendas* tout à fait en famille, ont les bénéfices de la colonisation sans en avoir les charges et les dangers. Sûrs de la complicité de la compagnie, ils profitent gratuitement du labeur des colons, des routes que ceux-ci ont frayées, des ponts qu'ils ont jetés, des embarcadères qu'ils ont construits. Leurs travailleurs nègres ont le mérite inappréciable de ne pas exister aux yeux de la loi : le planteur peut en user et en abuser sans violer un article du code, sans craindre les discussions du congrès ou les réclamations d'un ambassadeur ; il n'est pas responsable du traitement qu'il inflige à sa propriété vivante, et s'il la ménage et la soigne, c'est précisément parce qu'il la possède sans contestation. De même s'il laisse dépérir l'Allemand à côté de son domaine, c'est que l'étranger, encore entaché d'un vice originel, a tort de se considérer comme un homme libre et d'insister sur la validité des contrats.

Dans les plantations du Brésil, une seule classe de travailleurs est encore plus détestée que celle des émigrans d'Europe : ce sont les Chinois, qu'on a commencé à importer en 1855 à titre d'engagés. « Le Chinois, au dire d'un écrivain brésilien, n'est pas un homme; c'est une espèce de monstre, soit de corps, soit d'esprit; c'est de la boue, c'est de la poussière, ce n'est rien!... » Nous ignorons comment les engagés chinois ont pu mériter cette condamnation sans appel; il est certain seulement qu'ils ont aux yeux des planteurs brésiliens l'impardonnable défaut de se considérer comme solidaires les uns des autres : l'injustice commise contre un seul d'entre eux les trouve tous debout, prêts à se venger, et le plus souvent, au lieu de céder eux-mêmes, ils font céder le maître. Les émigrans d'Europe ne montrent pas tous, il faut l'avouer, cet esprit de résolution fraternelle qui distingue les Chinois, et parmi eux on en trouve un grand nombre que les menaces, les flatteries, les promesses, décident à trahir la cause de leurs compatriotes; il en est même qui se laissent nommer économes, régisseurs, surveillans, et ne dédaignent pas, dans cette condition nouvelle, d'exploiter leurs anciens compagnons d'infortune.

En présence de tant d'horreurs, M. Avé-Lallemant ne pouvait pas
rester inactif, et il résolut d'utiliser la haute considération que lui
avaient procurée dix-sept années de services rendus dans les hôpitaux de Rio-Janeiro. Il écrivit à l'empereur du Brésil pour lui
exposer la triste situation de ses compatriotes du Mucury, et, laissant de côté toutes ses préoccupations de voyageur et de savant, il
n'eut plus d'autre soin que de rendre l'espoir et la santé aux malades des colonies. Pendant plus d'un mois, il ne cessa de parcourir
les campemens, distribuant de la nourriture aux faméliques et des
remèdes aux patiens, faisant enterrer décemment les cadavres, pro-
mettant la liberté aux émigrans qui de désespoir voulaient s'enfuir
dans la forêt au risque de mourir de faim ou d'être égorgés par les Botocudos. Et ses efforts ne furent pas complétement vains. Le 2 mars
1859, un vapeur de l'état, envoyé spécialement par l'empereur avec
ordre de prendre à son bord « les malades, les malheureux et les
désespérés » de la colonie, passait la barre du fleuve Mucury, et
M. Avé-Lallemant pouvait déposer dans l'entre-pont du navire un
premier chargement de quatre-vingt-sept patiens à destination de
l'hôpital de Rio-Janeiro.

L'émotion fut grande dans la capitale lorsqu'on vit revenir, cou-
verts de plaies et de pustules, pâles, sans regard, ces jeunes émigrans qui étaient arrivés d'Europe pleins de force et de santé quelques mois auparavant. Parmi les malades, plusieurs étaient à
l'agonie : l'un expirait au moment même où la felouque de débarquement allait toucher la rive, un autre était mort pendant la traversée. Les négocians réunis en ce moment au palais de la Bourse se
précipitèrent vers le quai pour aider à transporter les corps vivans et
les cadavres. Le consul de France, profondément ému, se jeta dans
les bras de son ancien ami, M. Avé-Lallemant, pour le remercier.
Tous les assistans témoignaient de la plus vive indignation. Quelques
jours après, une nouvelle cargaison, comprenant également deux
cadavres, vint redoubler le sentiment de réprobation générale contre
le trafic de chair humaine. M. Avé-Lallemant s'empressa de faire son
rapport verbal à l'empereur, alla visiter ses amis influens, et de toutes
parts reçut l'assurance que de pareilles horreurs ne seraient plus
tolérées. Plein de joie, il pensa que rien désormais ne devait l'empêcher de continuer son voyage d'exploration vers le nord. Ce fut une
grande faute. A peine était-il parti que le directeur de la colonie
publia une longue justification de sa conduite; en même temps le
commissaire que l'empereur avait envoyé sur le Mucury se mourait
d'une fièvre paludéenne contractée sur ce fleuve insalubre (1), et son

---

(1) Des bruits très répandus chez les Allemands du Brésil attribuent la mort du commissaire à une cause plus grave.

rapport, aussi sévère que celui de M. Avé-Lallemant, était purement et simplement supprimé. Bientôt le sort des victimes fut oublié, et le sénat votait en faveur de la compagnie de Mucury un crédit de 3,120,000 fr. avec une garantie de 7 pour 100 d'intérêt. Ainsi la prospérité de la *carnificina* du Mucury était déclarée d'intérêt national. Ajoutons, pour l'honneur du Brésil, qu'en prenant, peu de temps après, le portefeuille des finances, un Brésilien noblement soucieux des véritables intérêts de son pays, M. Silva Ferraz, fit supprimer ce crédit, si facilement voté. L'empereur dom Pedro rayait de son côté comme indigne le nom du directeur de la colonie du Mucury, que les électeurs de Minas-Geraës lui avaient par deux fois proposé en tête de la liste sénatoriale.

On pensera peut-être que les horreurs de la colonisation du Mucury appartiennent désormais à l'histoire du passé, et ne sauraient plus se reproduire; mais en un pays d'esclavage de pareils événemens sont dans la nature des choses, et l'on devrait s'étonner que des planteurs habitués à procéder arbitrairement à l'égard de leurs travailleurs noirs n'essayassent pas aussi les effets du despotisme sur leurs travailleurs blancs. Dans toutes les contrées du Brésil où le travail des champs était naguère réservé aux nègres esclaves, les colons d'Europe peuvent tous s'attendre à une servitude plus ou moins déguisée. En certains districts, si nous en croyons le rapport des savans embarqués sur la frégate autrichienne la *Novarra*, on aurait même poussé la logique du système jusqu'à faire le trafic des blancs, et l'on cite un Italien de Catumbez-Grande qui aurait longtemps servi de courtier pour cet abominable commerce, sans que jamais la police brésilienne ait pu le prendre sur le fait.

Il n'est pas besoin toutefois de signaler des barbaries exceptionnelles pour apitoyer l'Europe sur le sort des colons brésiliens. L'histoire de la colonisation, prise dans son ensemble, prouve que les émigrans d'Europe, soit allemands, soit portugais, employés à côté des nègres dans les provinces tropicales du Brésil, ne peuvent nourrir l'espoir d'être jamais traités en hommes libres, car la possession du sol, cette première garantie de la liberté, leur est pratiquement interdite. Peu de temps après la découverte du Brésil, le pays tout entier fut partagé d'abord entre neuf, puis entre dix-huit seigneurs. En 1754, ces capitaineries, dont chacune se développait sur une longueur de cinquante lieues de côtes, furent rachetées par le gouvernement; mais la constitution de la propriété ne fut modifiée qu'en apparence, et le sol n'en resta pas moins entre les mains de puissans propriétaires féodaux : maintenant encore une grande partie du sol du Brésil est distribuée en vastes domaines dont les limites, souvent indécises, sont marquées par des forêts, des fleuves ou des montagnes. En outre il existe un nombre considérable de *sesmarias* qui recouvrent une superficie d'une demi-lieue, d'une lieue, même de trois, et de cinq lieues, et qui, n'ayant jamais été mises en culture par leurs propriétaires, devraient faire retour au domaine public pour être cadastrées et mises en vente. Le gouvernement a souvent revendiqué ces *sesmarias*; mais partout où les intérêts de la *grande culture* sont en jeu, les planteurs coalisés savent fort bien empêcher ce qui pourrait nuire à la constitution féodale de leur société. Tandis que la nation anglo-américaine, représentée par le gouvernement de Washington, est encore propriétaire des trois quarts de la superficie de la république, environ les quatre cinquièmes du sol de l'immense empire brésilien se trouvent déjà entre les mains des particuliers, et cinq ou six mille riches propriétaires d'esclaves ont à eux seuls accaparé la moitié du Brésil (1). Le sol qui n'est pas encore approprié est trop infertile, trop insalubre ou trop mal situé pour qu'on veuille se donner la peine de l'acquérir. Ainsi la possession d'un domaine est interdite par la force même des choses, non-seulement aux émigrans d'Europe, mais encore à trois millions de Brésiliens libres : récemment on présentait à l'empereur dom Pedro un de ses sujets, le vieillard Francisco Thomas da Silva, dont la famille, composée de deux cent soixante-trois descendans de quatre générations successives, n'avait jamais possédé un mètre carré de terre. On comprend qu'une pareille organisation de la propriété rejette presque toujours le colon d'Europe dans une position subalterne, lors même qu'il réussit à se dégager des étreintes du planteur en remboursant toutes les avances faites pour sa traversée et son entretien. De guerre lasse, il est obligé d'abandonner le travail des champs et de se réfugier dans une grande ville où la loi le protège d'une manière plus efficace, où l'exercice d'un métier quelconque peut lui procurer une indépendance relative. D'ailleurs un climat meurtrier lui interdit la culture du sol dans les régions tropicales, et ce n'est pas impunément qu'il le brave. Les seules parties du Brésil où les colons de l'Europe occidentale puissent s'établir sans danger pour leur santé sont les plateaux qui s'étendent parallèlement à la mer, au sud de la zone tropicale.

IV.

C'est en effet dans les provinces méridionales de l'empire que se trouvent les colonies véritablement prospères; mais on aurait tort d'en attribuer le succès uniquement à la beauté du climat, car au sud, aussi bien qu'au nord de l'empire, les tentatives de colonisation faites d'après la méthode de la *parceria* ont abouti à la ruine la plus

(1) On évalue diversement leur nombre à 80,000, 100,000 ou 130,000.

complète. Ainsi des milliers de colons allemands amenés à grands frais sur les plateaux salubres de Saŏ-Paulo n'ont pu trouver l'aisance qu'à la condition de briser leurs contrats tyranniques, et de s'enfuir des plantations où ils vivaient dans une espèce d'esclavage. Le travail libre a seul rendu prospères les colonies du Brésil méridional que l'on cite en exemple. Telle est la cause qui attire également vers les républiques voisines un nombre si considérable de Basques et d'Italiens; sûrs d'obtenir dès leur arrivée dans leur nouvelle patrie le titre de citoyens et les droits de travailleurs libres, ils émigrent par milliers dans les villes de l'estuaire de la Plata, et s'adonnent énergiquement à leur œuvre de colonisation sans s'effrayer des révolutions ni des *pronunciamentos*.

La province de Rio-Grande-do-Sul, où se trouvent les principales colonies allemandes, est enveloppée, au sud, à l'ouest et au nord-ouest, par des républiques où l'esclavage des noirs n'existe plus, et qui sont une terre d'asile pour les nègres asservis de l'empire brésilien. Voyant leurs plantations se dépeupler et ne pouvant d'ailleurs entrer en concurrence avec les travailleurs allemands, les propriétaires d'esclaves du Rio-Grande se décident à quitter le pays pour aller s'établir avec leur propriété vivante loin de ces terres espagnoles d'où souffle un vent de liberté. En même temps les souvenirs de la guerre civile, pendant laquelle les généraux du gouvernement et les officiers rebelles promettaient à l'envi l'affranchissement aux nègres de leurs ennemis, ont singulièrement affaibli l'institution servile. Tout ce que le travail forcé a perdu en importance, le travail libre l'a gagné en dignité et en valeur. Les habitans de la province, en partie délivrés du fléau de l'esclavage (1), ont appris à respecter ces colons allemands qui leur apportent tous les arts de la paix si nécessaires dans un pays libre : c'est ainsi qu'ont été jetés les fondemens d'une colonisation sérieuse qui pourra donner à cette partie du Brésil une influence capitale dans les destinées de l'empire.

Les premières colonies allemandes de la province de Rio-Grande-do-Sul ont été établies aux environs de Saŏ-Leopoldo, au nord de la vaste lagune bourbeuse connue sous le nom de Lagoa-dos-Patos. Le territoire assigné aux colons est une région accidentée, mais fertile, qu'arrosent de nombreux cours d'eau, et où les *campos* alternent avec les bois. N'ayant pas à lutter contre une ligue de propriétaires, le gouvernement a pu faire mesurer les *terras devolutas* qui lui appartenaient et les mettre en vente à des prix raison-

---

(1) Pendant les deux années 1856 et 1857, la province de Rio-Grande-do-Sul a gagné par l'immigration 1,713 travailleurs libres, tandis que les planteurs emmenaient avec eux 748 esclaves. Presque toute la population asservie est réunie dans les parties basses de la province de Rio-Grande; elle y forme encore le quart ou même le tiers des habitans. Dans les districts élevés, l'esclavage existe à peine.

nables. Un petit nombre de colonies ont été fondées sous les auspices directs de l'état ; mais la plupart des terres sont achetées par des compagnies qui les revendent ensuite aux émigrans en leur accordant cinq années de répit pour le paiement intégral de leur propriété. Ce fut en 1824 que les premiers Allemands, au nombre de 126, débarquèrent à Rio-Grande. Depuis cette époque, les colonies n'ont pas joui d'une prospérité complétement inaltérable : elles ont eu aussi leurs mauvais jours, principalement pendant la guerre civile qui désola la province de Rio-Grande, de 1831 à 1843, et leur ferma toute communication avec la mère-patrie ; mais, comparées au reste du Brésil, elles n'en sont pas moins aujourd'hui dans un état très florissant. Les Allemands et les Brésiliens germanisés par le croisement ont acquis presque sans exception une véritable aisance, et plusieurs de leurs domaines peuvent déjà soutenir la comparaison avec les grandes fermes de la Westphalie et du Thüringerwald : en les visitant, on pourrait se croire en Allemagne. La population des colonies s'accroît dans une proportion très rapide par le surplus des naissances sur les décès, et bien que l'immigration ait fourni seulement de 10 à 12,000 (1) habitans à la province de Rio-Grande-do-Sul, celle-ci compte déjà de 35 à 40,000 individus de race germanique. Certains districts, principalement ceux qui forment le centre de la province, ne sont peuplés que d'Allemands, et grâce à cette force d'expansion qui les pousse sans cesse vers l'ouest, comme elle pousse aussi leurs frères des États-Unis, on peut prévoir le jour prochain où ils occuperont toute la largeur de la province et du Brésil entre Porto-Alegre et le cours de l'Uruguay.

Et non-seulement ils augmentent en population et jouissent d'une prospérité qui se développe sans cesse, mais ils gagnent également en noblesse et en dignité. Les Allemands nouvellement débarqués sont timides, grossiers, lourdement naïfs : gardant encore l'empreinte d'une longue misère et d'un fatigant labeur, habitués à l'obéissance passive par les exactions continuelles de la bureaucratie germanique, ils n'ont en général aucune initiative et ne savent agir que sur l'ordre du directeur de la colonie ; mais les Allemands domiciliés depuis longtemps dans la province, surtout ceux qui appartiennent à la génération née sur le sol brésilien, ont perdu le souvenir de l'antique oppression. Fiers, décidés, courageux, ils se rendent désormais le témoignage qu'ils sont vraiment des hommes libres ; ils possèdent à un degré remarquable ce sentiment d'égalité qui manquait à leurs pères. Tandis que dans presque tous les pays du monde, aux États-Unis surtout, les Allemands sont rapidement ab-

____

(1) De 1824 à 1853, 7,491 Allemands ont débarqué dans le port de Rio-Grande.

sorbés par le reste de la population, et dans l'espace d'une vingtaine d'années perdent leurs mœurs, leur langue et souvent jusqu'à leur nom, ils s'assimilent au contraire les Brésiliens dans la province de Rio-Grande-do-Sul. Loin d'oublier leur langue, ils l'enseignent. Les cours ne se font en portugais que dans une seule école allemande. Les trente autres écoles des colonies, contenant 1,031 élèves en 1857, n'ont pas même un seul professeur de portugais, tandis que l'étude de l'allemand est obligatoire dans tous les établissemens de la province destinés aux Brésiliens. Cette prépondérance de l'influence germanique doit être attribuée certainement à l'énergie civilisatrice des Allemands. Ils donnent au pays ses instituteurs, ses agriculteurs, ses industriels. Ce sont eux qui ont enseigné aux habitans de la province l'usage de la charrue, qui était complétement inconnue avant leur arrivée dans le pays; ce sont eux qui fournissent les céréales, les légumes, les racines qu'on devait autrefois importer à grands frais pour l'alimentation de la province, et que le port de Rio-Grande exporte aujourd'hui en grande abondance à Rio-Janeiro et dans les républiques voisines; ce sont eux qui possèdent les principaux établissemens industriels du pays, raffineries, scieries, tanneries. Grâce aux Allemands, les lignes de bateaux à vapeur établies sur les petites rivières des colonies, le Jacuhy, le Rio-dos-Sinos, transportent annuellement dix ou douze fois plus de voyageurs que les grands bateaux à vapeur desservant l'immense fleuve des Amazones. En outre ils exercent librement leurs droits de citoyens; ceux qui professent la religion protestante peuvent se bâtir des chapelles et entretenir des pasteurs : ils ont même le droit de se marier, et rarement la loi brésilienne ose intervenir, comme elle le fait dans les autres parties de l'empire, pour casser les mariages mixtes et déclarer bâtards les enfans qui en sont issus.

La province de Santa-Catarina, qui occupe au nord de celle de Rio-Grande-do-Sul une zone de cent lieues de longueur entre le plateau des *campos* et les bords de la mer, est également redevable à l'émigration allemande de son importance sans cesse croissante. Elle ne jouit point, comme la province méridionale du Brésil, d'un climat analogue à celui de l'Allemagne du sud et n'a pas le privilége de relier l'Atlantique avec les vastes régions qu'arrosent l'Uruguay et le Paranà; mais sous d'autres rapports elle est particulièrement favorisée par la nature. Les terres sont d'une excessive fertilité, et produisent la plupart des plantes de la zone tropicale aussi bien que celles de la zone tempérée; les montagnes renferment des gisemens de charbon de terre d'une grande richesse; plusieurs des nombreux fleuves qui arrosent la province de Santa-Catarina sont navigables jusqu'à la base de la chaîne côtière; enfin le rivage dentelé offre

au commerce des ports excellens, qui le cèdent à peine en étendue à ceux de Bahia et de Rio-Janeiro. Dans ce magnifique empire
du Brésil, si riche en admirables points de vue, il n'est peut-être pas
de région où l'on puisse contempler de plus beaux paysages que dans
la province de Santa-Catarina. Plusieurs voyageurs prétendent que
la physionomie du pays tout entier ressemble singulièrement à celle
des îles élevées de l'Océanie; ce sont les mêmes collines mollement
ondulées, les mêmes groupes pittoresques de palmiers et de fou-
gères, les mêmes courbes gracieuses des plages. D'après M. Avé-
Lallemant, la lagune de Desterro et l'île de Santa-Catarina rappel-
leraient plutôt, par l'harmonie des contours, la baie de Naples et
l'île de Capri; mais elles n'auraient pas la mélancolie profonde qui
caractérise le golfe napolitain.

Deux ou trois colonies de cette heureuse province de Santa-Catarina sont encore dans un état pénible de gêne et de dépendance.
Une de celles qui ont le moins réussi est la colonie du docteur Blumenau, qui jouit cependant d'une grande réputation, grâce à l'é-
norme publicité que lui a donnée le fondateur et aux subsides considérables votés par le gouvernement brésilien. Le site du village
Blumenau est parfaitement choisi : les terres sont des plus fertiles,
le fleuve qui parcourt la colonie est accessible aux navires d'un faible
tonnage; mais l'aspect de la plupart des cabanes révèle la détresse
des habitans. Une forte proportion des émigrans consiste en bour-
geois déclassés qu'avaient séduits les descriptions splendides des
agens recruteurs. Arrivés dans la forêt vierge et n'ayant que leur
hache pour réaliser leurs rêves de fortune, ils ont compris trop tard
que l'habitude du travail matériel était le premier élément de réussite pour tous les colons, et la plupart d'entre eux ont dû se louer
comme mercenaires pour acquitter leurs dettes et sustenter leur misérable existence. Plusieurs aussi sont morts accablés par la nostalgie. Si le choix des colons est une grande cause de retard pour
l'entreprise, les fautes de la direction sont peut-être plus fâcheuses
encore. Au lieu de vendre ses terrains et de laisser le colon libre de
cultiver à sa guise, la compagnie préfère rester suzeraine et profiter
du travail des émigrans pour donner plus de valeur à ses propriétés.
La misère pour tous est la conséquence de ce système.

En revanche, les colons qui ont abandonné Blumenau pour s'établir aux environs comme cultivateurs libres ont conquis le bien-être
matériel et possèdent déjà de magnifiques plantations. On observe
les mêmes résultats dans toutes les autres colonies fondées par des
sociétés de spéculateurs. Tant qu'on leur applique le système de la
protection, les travailleurs restent dans la misère; mais, dès qu'ils
sont devenus les propriétaires du sol, l'aisance entre dans leurs ca-

banes. Quant aux émigrans libres qui, dès leur arrivée, se sont installés sur leurs propres terres, ils ont fait merveille, et leurs communes jouissent de la plus grande prospérité. En 1858, les deux colonies de Santa-Izabel et de San-Pedro-de-Alcantara comprenaient ensemble une population de 1,600 habitans, tous propriétaires. M. Avé-Lallemant n'en rencontra pas un seul qui ne fût à son aise, pas un seul qui désirât revenir en Allemagne. Ils produisaient en abondance du maïs, du manioc, du riz, qu'ils exportaient à Desterro et dans la capitale du Brésil; ils commençaient même à planter la canne à sucre sur de grandes étendues de terrain et se promettaient de lutter avec succès contre le travail esclave. Déjà maîtres d'une partie centrale de la province, ils germanisent fortement la ville de Desterro, et l'accroissement vraiment prodigieux de leurs familles peut leur faire espérer dans un avenir prochain une influence tout à fait prépondérante.

La colonie la plus importante de la province de Santa-Catarina et peut-être de tout l'empire brésilien est celle de Donna-Francisca, fondée par une compagnie hambourgeoise sur les terres que M. le prince de Joinville a reçues en dot. Il y a quinze ans, l'homme blanc n'osait pas s'aventurer dans ces immenses forêts où se cachaient les Bugres meurtriers : en 1850, on abattit le premier arbre; en 1851, les premiers colons arrivèrent d'Allemagne, et sept ans après, en 1858, Donna-Francisca était une colonie modèle qui faisait l'admiration des étrangers. La population s'élevait à 2,500 habitans environ, distribués sur un territoire considérable. Le chef-lieu, désigné sous le nom de Joinville, se composait de maisonnettes charmantes, entourées de jardins et de cultures que de larges rues découpaient en carrés réguliers. De beaux chemins, exécutés avec un soin inconnu dans tout le reste du Brésil, même dans les colonies allemandes du Rio-Grande-do-Sul, faisaient communiquer Joinville avec Annaburg et les divers défrichemens du district de Donna-Francisca; 6,400 hectares de terre étaient déjà vendus et en grande partie mis en culture; d'autres terrains, mesurés par les ingénieurs de la compagnie, se vendaient tous les jours, non-seulement, il faut l'avouer, à des travailleurs sérieux, mais malheureusement aussi à des spéculateurs étrangers qui voulaient profiter de la plus-value donnée au sol par le travail des colons; des *picadas* tracées dans la forêt indiquaient l'emplacement des villages futurs, et, l'œuvre de la colonisation avançant toujours, le gouvernement s'occupait de faire mesurer pour les émigrans l'importante forêt de la couronne qui s'étend à une grande distance en dehors des limites de la colonie. Divers établissemens industriels, des usines à sucre, des scieries, s'élevaient sur différens points du district, les ouvriers jouissaient de la même prospérité que les agriculteurs, et déjà les meubles fabriqués à Donna-Francisca s'expédiaient en assez grand nombre à Rio-Janeiro. Étonnante au point de vue du progrès matériel, la colonie allemande de Donna-Francisca l'est encore bien plus par la société policée qui l'habite. D'après M. Avé-Lallemant, « il n'est peut-être pas d'endroit au monde qui possède, relativement à sa faible population, un aussi grand nombre d'hommes remarquables par leur intelligence et leur instruction. » Les vigoureux pionniers qui travaillent pendant le jour, la hache ou la charrue à la main, causent le soir sur divers sujets scientifiques, comme s'ils se trouvaient dans une ville d'université germanique, ou bien se récréent l'âme par la musique de Beethoven, de Mendelssohn, de Schubert. On devine l'influence civilisatrice qu'exercera la colonie de Donna-Francisca si bien située, si prospère, et peuplée d'hommes qui travaillent à leur développement intellectuel autant qu'à leur bien-être matériel. Quand on compare la société allemande des nouvelles colonies aux populations encore semi-barbares qui campent sur les plateaux de la province limitrophe de Paranà et croupissent dans la paresse la plus profonde, on ne saurait douter que Joinville ne devienne un jour le grand centre d'où le commerce et les progrès sociaux rayonneront au loin dans la direction du Paraguay (1). L'excellente baie de San-Francisco qui sert de port à la colonie, et qu'on pourrait comparer au magnifique bassin de Rio-Janeiro, contribuera certainement pour une forte part à la prospérité future de Donna-Francisca. Déjà ce port, naguère complétement négligé par les Brésiliens, commence à se peupler de navires.

En étudiant les résultats obtenus au Brésil par la colonisation, il est impossible de ne pas être frappé du rôle prépondérant que jouent dans cette œuvre les émigrans de race allemande. Ils sont peu nombreux, il est vrai, et l'on évalue à 50,000 à peine ceux que contient l'empire; chaque année, ils ne forment qu'une fraction minime des étrangers qui débarquent au Brésil (2), et ceux d'entre eux qui sont transportés dans les provinces de la zone torride succombent rapidement à la peine; mais ceux qui restent font plus que tous les autres émigrans pour la transformation du pays, car, plus que tous les autres, ils représentent la liberté. Les Portugais, qui viennent en foule dans les grandes villes du littoral et dans les plantations du nord, n'ont d'autre intention que de faire promptement fortune sur cette terre où leurs ancêtres s'étaient enrichis avant

(1) Le quart des Allemands débarqués dans la colonie de Donna-Francisca sont allés s'établir sur le plateau voisin.

(2) En 1858, sur 19,000 émigrans, 9,329 étaient Portugais, et 2,300 seulement étaient d'origine allemande.

eux ; méprisés des planteurs, haïs par les Indiens et les nègres, ils acceptent tous les métiers possibles, travaillent à côté des esclaves quand ils ne peuvent faire autrement, deviennent intendans, contre-maîtres, économes lorsque la fortune leur sourit, et s'amassent lentement un pécule qu'ils espèrent dépenser un jour comme de vrais gentilshommes près de Lisbonne ou d'Oporto. S'ils ne peuvent retourner dans leur patrie, il leur est facile, grâce à la communauté de langue et d'origine, de se transformer graduellement en Brésiliens, et dans l'espace d'une génération ils perdent tout ce qui les distinguait du reste du peuple. Quant aux Français, aux Génois, aux Sardes, qui s'adonnent au commerce ou bien exercent divers métiers manuels dans les grandes villes, ils n'ont pas assez de force de cohésion pour exercer une influence considérable sur la population brésilienne. Les Allemands, au contraire, sont groupés en colonies compactes ; distincts des habitans du pays par leurs traits, leur langue, leurs mœurs et le plus souvent par leur religion, ils s'attachent cependant au Brésil comme à leur patrie définitive et s'empressent d'y conquérir et d'y exercer leurs droits de citoyens ; ils s'approprient le sol qu'ils cultivent, et ne se servent que de leurs propres bras. Représentans du travail libre dans les campagnes du sud, ils sont dans les grandes villes les représentans du progrès intellectuel et scientifique ; ils fournissent au Brésil des ingénieurs, des professeurs, des officiers ; ils fondent des établissemens industriels, des journaux, des librairies, des imprimeries. Par leur nombre, ils ne forment que la cent-soixantième partie de la population totale ; mais au point de vue historique ils sont déjà l'un des deux pôles de la société brésilienne. En vérité, les Allemands peuvent se réjouir quand ils songent à l'œuvre immense qu'ils accomplissent sur la terre. Autrefois ils firent par l'épée la conquête de l'empire romain ; aujourd'hui c'est par les livres et la charrue qu'ils s'emparent du monde. A l'Amérique du Nord, ils donnent ses paysans les plus énergiques et ses plus intrépides soldats ; au Brésil, qui n'avait que des maîtres et des esclaves, ils fournissent un contingent d'hommes libres.

Des hommes libres cultivant un sol libre peuvent seuls en effet sauver l'empire brésilien et l'arracher à une imminente désorganisation. L'inimitié des diverses races du Brésil crée des élémens de désordre qu'une forte centralisation et la ligue des intérêts commerciaux peuvent réprimer longtemps, mais qui n'en troublent pas moins les profondeurs de la société, et ne cesseront d'exister tant que l'esclavage sera la pierre angulaire de l'empire. Quand même les planteurs seraient assez habiles pour conjurer à jamais la révolte et contenir les mulâtres, qui se distinguent en général par tant d'audace et d'initiative, sauront-ils donner une solution favorable à tous les problèmes économiques posés par la servitude des noirs? Malgré les milliers de nègres asservis, les plantations n'en manqueront pas moins de bras; en dépit de la prodigieuse fécondité des femmes noires, les camps ne cesseront de se dépeupler; les consommateurs du Brésil seront, comme par le passé, obligés de demander à l'étranger leur approvisionnement de vivres; le sol continuera de s'appauvrir, et la grande majorité des citoyens réclamera en vain un patrimoine. Qu'on laisse au contraire les colonies allemandes de Rio-Grande-do-Sul et de Santa-Catarina gagner de proche en proche, et bientôt les bras suffiront amplement à la culture; la population s'accroîtra dans une proportion rapide, le Brésil pourra subvenir à son alimentation, et le sol, plus équitablement distribué, s'enrichira aussi bien que ses possesseurs.

Si le Brésil ne peut prospérer que par le travail libre, il est juste d'ajouter que ce même travail libre peut tôt ou tard créer à l'empire une situation des plus périlleuses, tant il est vrai que le bien aggrave le mal avant de le détruire. Autrefois les propriétaires d'esclaves occupaient en force presque toutes les parties du Brésil, et donnaient à l'ensemble de cet immense territoire une certaine homogénéité d'intérêts; de nos jours, l'esclavage est lentement refoulé vers le nord par cette classe naissante des paysans libres qui germe dans les provinces du sud. C'est là une révolution qui peut sembler insignifiante, parce qu'elle s'opère sans bruit; mais elle n'en est pas moins certaine, et l'on peut d'avance en prédire les résultats. On voit se préparer au Brésil ce qui s'est accompli par la force même des choses dans la république anglo-américaine. Là, les états peuplés de citoyens libres se sont peu à peu débarrassés de l'esclavage, et finalement une frontière géographique a séparé les deux fractions du pays. Sous l'influence des mêmes causes, compliquées de haines nationales, le Brésil, jadis possesseur d'une rive de la Plata, a dû se résigner à perdre la province de l'Uruguay, devenue république indépendante : aujourd'hui les propriétaires d'esclaves de Rio-Grande-do-Sul et de Santa-Catarina émigrent vers le nord et sont remplacés par des travailleurs libres; en même temps le nombre des esclaves diminue dans les provinces de l'intérieur et dans celles qui touchent au Paraguay et à la république bolivienne. C'est ainsi que la population se distribue suivant ses affinités naturelles, et que l'esclavage se concentre peu à peu dans les provinces du littoral entre Maranhaõ et Saõ-Paulo. Un cercle de districts où le travail libre se fortifie sans cesse entoure la région compacte et peuplée où se sont cantonnés les propriétaires d'esclaves. Cette séparation graduelle de l'empire en deux régions où les intérêts sont diamétralement opposés ne renferme-t-elle pas de sérieuses menaces pour l'avenir, et dès aujourd'hui les hommes d'état du Brésil ne doivent-ils pas porter leur attention sur ce grave antagonisme, qui peut un jour partager la nation en deux peuples hostiles? Et quand même le procès pendant entre l'esclavage et la liberté ne se plaiderait pas au Brésil, n'amènera-t-il pas tôt ou tard un conflit entre l'empire et les républiques grandissantes qui l'environnent?

Ce sont là des difficultés qui demandent un remède héroïque, et non pas des expédiens. Le pouvoir central du Brésil est devenu plus fort : les voies de communication, à peine ébauchées, ont déjà rendu l'empire plus compacte et plus solide, une longue paix lui a donné de la considération, un gouvernement sincère et honorable a fait rejaillir sur l'aristocratie tout entière le respect qu'on porte à son chef; mais l'esclavage est toujours là, menaçant en silence la prospérité de l'empire naissant. Pour conjurer la catastrophe qui se prépare, pour éviter le conflit qui ne pourrait manquer d'éclater entre le travail libre et le travail esclave, il n'est qu'une ressource : s'occuper sérieusement de l'émancipation des noirs, sans attendre, comme on prétend le faire aujourd'hui, qu'une bonne Providence veuille bien faire disparaître peu à peu l'esclavage. La liberté, tel est le moyen d'inaugurer une ère de prospérité véritable; malheureusement on peut douter que ce moyen soit accepté par les planteurs, qui tirent leur influence et leurs richesses du labeur de leurs nègres. Ils préféreront peut-être, comme leurs confrères des états confédérés, s'exposer aux terribles hasards que leur réserve l'avenir, et se vouer d'avance à la farouche Némésis qui venge les opprimés de toutes les races; ils tiendront peut-être à honneur d'être les derniers civilisés qui se donnent le droit d'acheter, de vendre et fouetter leurs semblables. Ils apprendront alors à leurs dépens que la véritable civilisation ne consiste pas dans la fondation de vastes cités, dans l'inauguration de chemins de fer et l'exportation de marchandises nombreuses; une immense catastrophe leur prouvera que la justice est le seul fondement durable des institutions et des empires. Quoi qu'il en soit, la mission de ceux qui s'intéressent aux destinées de la race latine en Amérique est clairement tracée. Instruits par la guerre civile qui désole les états anglo-saxons, jadis unis, ils ne doivent cesser d'avertir le Brésil et de signaler le nuage gros de tempêtes qui se forme au loin sur l'horizon.

ÉLISÉE RECLUS.